배달민족의 신비

배달민족의 신비

초판 1쇄 인쇄 • 2012년 10월 31일

지은이 • 유자심
펴낸이 • 이승훈
펴낸곳 • 해드림출판사

등록번호 • 제387-2007-000011호
등록일자 • 2007년 5월 4일
주소 • 서울시 구로구 온수동 47-1 청곡빌딩 510호
전화번호 • 02-2612-5552
팩스 • 02-2688-5568
e-mail • jlee5059@hanmail.net

* 책값은 표지에 있습니다.
* 잘못된 책은 바꿔 드립니다.

ISBN 978-89-93506-55-6

배달민족의 신비

-산중 고인돌과 국선도

유자심 지음

해드림

펴내는 글

신비의 생명상

신비라고 할밖에 표현할 수 없을 것 같다.

숱하게 듣고 읽어왔던 도인들의 이야기, 영화 속 이야기, 만화 속 이야기들이 내 눈 앞에서 현실로 펼쳐지는 순간들이었다.

사라지는 행위가 아닌 허상일 수 없는 물증이 남는 확실한 신비였다.

물질과 신비!

양립할 수 없을 것 같지만 확실한 신비는 직접 보는 것이고 그보다 더 확실한 신비는 물증이 남는 것이 아닐까? 우리 산에 펼쳐져 있는 산중의 고인돌은 바로 그런 것이었다.

"자연적으로 이렇게 되었다고 믿기 어렵다. 그렇다고 사람이 했다고도 믿기 어렵다."

이 책은 이러한 고인돌에 대한 이야기이다.

그 의미를 알아보고 우리가 해야 할 일이 있는가도 검토해보는 내용이다.

지금까지 알려져 있는 고인돌은 고인돌의 전부가 아니었다. 산중에 훨씬 많은 수의 고인돌이 다양한 형태와 규모로 펼쳐져 있었고 나아가 산 전체가 고인돌로 다듬어진 곳도 있었다.

이 책에서 고인돌은 고임돌 위에 올려진 상석이라는 기존 고인돌과 고대 사람에 의해 행해진 바위와 관련된 여러 행위를 모두 포함한다.

고인돌은 일관되게 생명을 표현하고 있는 생명상이었다. 이것은 그 의미 자체로도 중요하지만, 고인돌인가 아닌가를 판별하는 중요한 기준이 되어 주었다.

어떤 거대한 원칙이 일관되게 적용되어 있는 것 같고, 우리나라 뿐 아니라 전 세계에 걸쳐 펼쳐져 있었고, 그 규모는 상상을 초월하는 것처럼 보였다.

이 책에서는 먼저 설명 글을 적고 아래에 사진을 넣었다.

사진은 전체와 세부의 모습을 볼 수 있도록 노력하였다.

출판과 관련하여 국선도와 관련된 모든 분과 넓은 이해력을 보여주신 부모님, 성실하게 작업하여주신 해드림출판사에 감사를 드립니다.

그리고 「고인돌의 비밀」 저자의 선구적인 연구에 찬사와 감사를 드립니다.

2012년 가을

유자심

차례

3장 · 아! 북한산, 도봉산

차례

6장 · 인수봉을 위시한 암벽 산들은 깎아서 조성 된 것일까?

7장 · 북한산은 남성, 도봉산은 여성

차례

8장 · 전국 산에 펼쳐져 있는 고인돌

1장

여행의 시작 _ 인왕산

1장
여행의 시작_인왕산

세계 고인돌의 절반이 우리나라에 있다는 글을 접하면서 왜 그럴까 하는 의문이 들었고, 특히 필자의 유년 시절에도 고인돌과 밀접한 관계가 있어서 인지 그 궁금증은 계속 되었다.

필자가 어린 시절을 보낸 곳은 소읍으로 마을을 둘러싼 산에 얄뫼똥이라는 이름을 가진 야산이 있었다. 얄의 의미는 알 수 없으나 뫼똥은 무덤의 사투리이니 무덤 산이라는 의미였다. 그래서인지 약간 서늘한 느낌이 있었는데 그 산에는 넓은 바위가 서너 개 자리 잡고 있었다. 아마 바위가 있어 서늘한 느낌이 배가 되었을 것이다. 나중에 고인돌로 밝혀졌으니 뫼똥이라는 이름이 근거가 있었던 셈이다.

의문을 가지던 중 「고인돌의 비밀」이라는 책을 보게 되었다. 고인돌에 대한 전혀 다른 시각을 접하고 처음엔 믿어지지 않았으나 차츰 그 시각으로 우리 산하를 살펴보게 되었다.

책에 나와 있는 인왕산의 고인돌이 무척 인상적이어서 인터넷에서 찾아보니 방송국에서 방영한 적이 있었다. 산의 모양을 보니 경복궁 쪽 같고 약수터 옆이니 쉽게 찾을 수 있으리라 생각하며 무작정 찾아 나섰다.

인왕산에 대한 그동안의 생각은, 한 폭의 동양화처럼 바위가 아름답고 균형이 잡혀 있으나 등산을 하기에는 작은 산이어서 다른 산으로 발길이 먼저 간다는 것이었으니, 금방 찾으리라는 가벼운 마음으로 나섰으나 결과는 예측과는 전혀 다르게 전개되었다.

책 '고인돌의 비밀' 의 시각으로 살핀 인왕산에는 상상조차 할 수 없는 신비로운 일들이 펼쳐져 있었던 것이다.

인왕산의 고인돌들이 지금껏 발견되지 않은 것은 기적에 가까운 일이다. 고인돌이라는 것이 확연히 드러나고 그 수 또한 많기 때문이다. 서울 가운데 있고 많은 사람들이 내왕하는 곳에서 지금껏 드러나지 않은 것은 사람이 만들었으리라고는 차마 생각하지 못했기 때문일 것이다.

자연이 신비로운 작품을 많이 만드나 집이 자연적으로 지어지진 않는다. 바위로 집 형태가 되는 경우도 희박하다. 인왕산에는 바위로 된 집 형태의 것들이 있고 그 수도 적지 않다.

움츠린 동물 모양의 바위

경복궁역에 내려 사직단, 단군성전을 지나 선바위 쪽으로 향했다. 거기에서 산을 넘어 경복궁 쪽으로 갈 계획이었으나 나중에 보니 성벽으로 차단되어 있었다.

선바위에 들르지 않고 옆길로 오르는데 바위가 넓게 펼쳐진 곳에 소나무들이 무척 운치 있게 보여 그리로 향하게 되었다. 바위에 자란 소나무들이 한 폭의 동양화처럼 멋이 느껴진다. 바위 길을 따라 조금 올라가니 큰 바위가 동물이 움츠린 듯한 모양을 하고 있다.(사진 1)

살펴보니 하체에 해당하는 부분이 고여 놓은 듯한 바위에 올려져 있는 것처럼 보였고(사진 2) 몸통에 해당하는 부분과 분리되어 있다. 정말 올려놓은 것일까? 그러나 자연적인지 아닌지를 증명할 길이 없다.

(사진 1)

(사진 2)

모자 바위

조금 더 올라가니 바위로 이루어진 작은 봉우리에 삼각형 모양의 바위가 위에 있는데 아무래도 자연스럽지가 않다.(사진 1)

아래 바위 보다 위의 바위가 선명하게 색이 밝았다. 자연스레 위와 아래 바위가 분리되었다면 색이 크게 다르지 않아야 할 것이다. 사람 몸처럼 생긴 아래 바위에 삼각형 형태의 바위가 스핑크스의 머리 모양으로 올려진 모습이 너무 균형이 맞아 기이한 느낌이 들었다.

경사진 길을 올라 뒤로 돌아가 보니 뒷면이 칼로 자른 듯 반듯하게 잘려 있다. 앞면은 자연 바위 그대로의 모습인데 뒷면은 확연하게 잘린 모습인 것이다.(사진 2)

몇 개의 검정색의 바위가 받치고 있는 듯한 형상으로 놓여 있다. 자연적으로 이런 모습이 형성 되었다고 생각하기 어려웠다. 그러나 어쩌랴! 급경사의 암벽 봉우리 위에 이렇게 커다란 바위가 자연적으로 형성되지 않았다고 어떻게 상상할 수 있을까?

위에 있는 바위는 이름도 있었다. '모자바위'. 느낌이 모자처럼 보여서 붙여진 이름일 것인데 모자란 원래 썼다 벗었다 하는 것이 아닌가? 사람들에게 모자를 쓴 듯 위아래가 다른 바위처럼 보였다는 것을 알 수 있다. 그러나 어떤 것도 자연적으로 형성되지 않았다는 것을 증명할 수는 없다. 지질 조사를 하여 아래 위가 다른 바위라 해도 그것이 자연적으로 이루어지지 않았다는 확증이 될 수는 없을 것이다.

모자바위 바로 뒤에 올려져 있는 바위도 특이 하였다.(사진 3)

윗부분이 양 귀처럼 보인다. 무엇을 상징하는 것일까? 음양을 상징하는 것일까? 이 역시 자연스럽지 않다는 것만 알 수 있을 뿐이다.

(사진 1)

(사진 2)

(사진 3)

선바위

선바위 쪽으로 방향을 잡고 가는데 생각보다 훨씬 큰 바위 두 개가 서 있는 것이 보인다.(사진 1) 저렇게 큰 바위가 인왕산에 서 있는 모습으로 있는데 전혀 몰랐다니…….

안내판을 보니 스님이 참선하는 모양이라 선(禪)바위라 한다는데 이후 선바위를 소개하는 다른 글을 보니 이보다는 서 있기 때문에 선바위라 한 것이 맞을 것이라 한다. 선바위는 생각보다 큰 규모이었으며 자연적인지 인공적인지는 모르나 곳곳이 패어 있었다. 두 사람이 기대어 앉아있는 듯한 형상이고 실제로 두 바위는 분리되어 있었다.

앞부분은 나무 제단이 만들어져 있어 살피지 못하고 옆으로 돌아가 살펴보았다. 이처럼 큰 바위가 이 위치에 있으려면 원래 이 자리에 있던 바위가 자연스레 마모되어 이러한 형상이 되었거나, 또는 사람이 다듬었다면 원래 이 자리에 있던 바위를 다듬었어야 할 것이다.

뒤로 돌아가 낮은 담장 너머로 살펴보니 큰 돌 제단 위에 올리어져 있는 형상이다. 선바위 밑면 보다 기단바위가 넉넉하게 크다.(사진 2,3)

좌측의 바위는 뒤에서 보니 바닥에서 분리되어 있는 것처럼 보이나 더 세밀한 조사가 필요할 것 같다.

우측의 더 큰 바위의 머리 부분은 분리되어 있는 듯이 보여서 원래 있던 바위를 다듬었다기보다 머리 부분을 나중에 올려놓은 것이 아닌가 생각되었다. 사람에 의하여 다듬어진 것이 분명한 듯하지만 선바위가 자연의 작품인지 사람에 의한 것인지 명확하게 밝히기는 어려울 것이다.

선바위의 뒷모습이 특이하였다. 우측에서 바라보니 두 상의 크기가 비슷해 보였고, 좌측의 상이 좌측에서 봤을 때 머리 모양이 삼각형이었는데(사진 4) 우측에서 봐도 삼각형이다.(사진 5)

머리 부분이 피라미드 모양의 삼각형인데 좌측에서 볼 때는 삼각형의 한 면이 머리로 보여 삼각형이 되고, 우측에서 볼때는 피라미드의 각진 부분을 정면으로 멀리서 바라보았을 때처럼, 튀어 나온 선은 보이지 않고 전체 모습이 삼각형으로 보였던 것이다.

(사진 1)

(사진 2)

(사진 4)

(사진 3)

(사진 5)

받쳐진 바위

조금 아래로 내려가 연이어 있는 바위 중 제일 아래 있는 바위의 밑으로 내려가 보니 확연하게 끼워 받치고 있는 모습의 작은 바위가 보인다.(사진1)

자연적으로 이렇게 형성되기에는 너무 작위적인 모습이다. 위의 바위 길이는 약 7~8미터, 가로는 약 5미터 정도의 큰 바위였다.

사진 상으로는 잘 나타나지 않으나 큰 바위 하나가 거의 곧 미끄러져 구를 듯한 모습으로 위태하게 서 있다.(사진 2) 경사진 곳에 저렇게 큰 무게의 바위가 균형을 잡고 아직까지 굴러 떨어지지 않은 것이 신기할 정도이다. 밑을 지나갈 때는 몸이 움츠러들며 걸음이 빨라진다. 곧 미끄러져 구를 것 같기 때문이다.

뒤로 돌아가 보니 이 위태로워 보이는 바위가 작은 바위에 기대고 있다.(사진 3) 이렇게 육중한 바위가 설마 저 작은 바위에 기대어 균형을 잡고 있단 말인가? 믿기지 않으나 기대고 있는 것은 사실이었다. 만약 기대고 있는 작은 바위를 치운다면 뒤로 주저앉듯이 균형을 잃고 굴러 떨어질까? 뒤 모습이 고깔을 쓴 사람 뒷모습 같다.(사진 4)

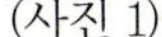
(사진 1)

(사진 2)

(사진 3)

(사진 4)

집 모양의 바위

여러 바위들이 다듬어져 있고 옮겨져 있는 듯하지만, 사람에 의한 것이라는 명백한 증거가 될 수는 없다. 그러다 완벽한 집 형태를 하고 있는 바위들을 만나게 되었다.

1. 기둥과 지붕이 있는 집 형태의 바위들

기둥처럼 바위를 세우고 거기에 큰 바위가 지붕처럼 얹혀 있는 것이 있다. 고임돌로 기둥을 세우고 (사진 1, 2) 상석은 윗부분은 자연석 그대로의 모습으로 (사진 3), 천정에 해당하는 아래 부분은 평평하게 다듬어서 지붕을 삼았다. 기둥과 지붕이 형성한 공간은 널찍하다.(사진 4)

자연에는 신기한 일이 많으므로 우연하게 형성된 것일까? 그러나 자연적으로 집이 지어지지 않듯이 자연적으로 거대 바위들이 집 모양으로 형성될 수는 없을 것이다. 한 군데 정도라면 정말 우연하게 그럴 수도 있다고 할 수 있을 것이나, 하나의 산에 여러 군데 자연적으로 집 형태로 형성될 수는 없을 것이다.

그런데 인왕산에는 기둥과 집 형태를 완벽하게 갖춘 것들이 여러 군데 존재하고 있다. 바위 집 형태를 이루고 있는 바위들은 인왕산의 여러 다듬어진 바위들이 사람에 의하여 제작된 고인돌이라는 가장 강력한 증거이다. 그 기법은 알 수가 없으나 바위를 반듯하게 잘라낼 수 있고 거대한 바위를 들어 올릴 수 있었다는 명백한 증거가 되는 것이다.

바위 집 고인돌 중에는 나중에 사람이 거주한 듯 시멘트가 덧칠해져 있는 것들이 여러 군데 있다. 고대의 유적이므로 차후 정비하고 보존하는데 노력하여야 할 것이다.

(사진 1) (사진 2)

(사진 3) (사진 4)

이 고인돌은 바위 바깥쪽은 자연석 모습으로 안쪽은 ㄱ자 형태로 다듬어 천장과 벽 역할을 하도록 하였다.(사진 1) 입구 쪽에 또 다른 바위를 올려놓아 공간을 넓히고 처마처럼 비가 들이치지 않는 역할을 하도록 한 것 같다.(사진 2)

안이 깔끔하고 서서 팔을 뻗어도 천장이 닿지 않는 널찍한 공간이 자랑이다.(사진 3) 자세히 살피니 벽부터 천장까지 이어지며 틈을 메워 놓은 듯한 선이 두 군데가 보인다.(사진 4) 나중에 메운 듯한데 메워 놓은 것을 제거하고 조사해봐야 하겠지만, 그 홈들이 바위를 이었기 때문이라면, 3개의 바위를 정교히 이어 붙여 이 공간을 만들어 낸 것이 된다.

(사진 1) (사진 2)

(사진 3) (사진 4)

다음의 바위 집 고인돌은 멋있는 바위들로 둘러싸인 곳에 세워져 있다. 주위를 둘러싼 바위들은 나중에 보기로 하자. 고임돌과 바깥쪽은 자연석 그대로의 모습으로, 안쪽 천장 부분은 평평하게 다듬은 전형적인 고인돌의 모습이다.

이 고인돌은 규모는 작으나 양 옆을 반듯하게 다듬은 바위로 기둥 역할을 하는 벽을 쌓고 그 위에 상석을 올린 모습이 선명하다.

(사진 1, 2) 안쪽 공간이 네모반듯하여 쌓아서 만들었다는 것을 보여주려는 듯하다. 조금 더 규모가 작은 것도 있다.(사진 3, 4)

(사진 4)의 상석 위쪽에 선사시대에 바위를 자를 때 사용하던 홈이 선명하다. 사람에 의한 것이라는 확실한 표시이다.

(사진 1) 안쪽

(사진 2) 바깥쪽

(사진 3) (사진 4)

다음의 고인돌은 거대한 바위를 요즘 채석장의 화강암처럼 잘라내어 옮겨져 온 듯하고, 양쪽에 바위를 디딤돌로 세우고, 그중 한쪽은 길게 뻗어 있어 마당의 담과 같이 세워 놓았다.(사진 1) 천정 역할을 하는 안쪽은 어김없이 평평하게 다듬어져 있다.(사진 2) 앞마당에 덩굴나무들이 유난히 많아 잎이 없음에도 바위들이 가려진다.

(사진 1) (사진 2)

안쪽에 기둥 형식의 바위를 세우고 큰 바위 두 개를 지붕 삼아 세워 놓았다. 철조망이 가리지만 안의 공간은 넉넉해 보인다.

지금까지 고임돌과 지붕이 선명한 고인돌들을 살펴보았다. 집 모양 고인돌은 이외에도 인왕산에서 확인된 것만 3~4개가 더 있다. 이 고인돌들의 용도는 무엇이었을까? 거주용이었을까? 수련 공간이었을까?

후에 여러 군데 산을 답사하였지만 집 모양 고인돌은 몇 군데 밖에 없었다. 전국적으로 볼 때 수가 제한되어 있는 집 모양 고인돌이 인왕산에 집중되어 있는 것은 왜일까? 앞으로 발견될 산중에 있는 수많은 인공적으로 되어 있는 듯한 바위들이 고인돌임을 간접적으로 증명하고 그것들을 통하여 선인의 뜻을 전달하려는 것은 아닐까?

2. 삼각형 형태의 집 모양 고인돌

네모 집 모양으로 쌓지 않고 거대한 바위의 안쪽을 평평하게 다듬고 바깥쪽은 자연석 그대로의 모습으로 다른 바위에 기대어 놓아 삼각형 모양의 공간을 만들고 있는 것들이 있다. 이 중 네 군데의 안쪽, 바깥쪽을 보기로 하자.

(안쪽) (바깥쪽)
(안쪽) (바깥쪽)
(안쪽) (바깥쪽)

(안쪽)

(바깥쪽)

3. 움집 모양의 고인돌

바위 집 모양 고인돌처럼 집의 모양을 갖추었으나 모양이 움집과 비슷하고, 조성 지역이 다른 바위 집 모양 고인돌들이 경사진 지역에 위치한 데 반하여, 산중의 평지 형태에 지어진 고인돌이다.(사진 1)

고임돌을 쌓고 커다란 바위를 올려놓았다. 상석이 두 개의 바위로 이루어진 것 같은데 하나처럼 아귀가 잘 맞는다.(사진 2)

경사지고 바위들 사이에 자리 잡은 것과 다른 느낌이며, 안쪽은 움집처럼 공간이 있는데 흙이 쌓여서인지 공간이 낮다. 이 고인돌도 다듬어진 바위들이 고인돌임을 증명하는 유력한 증거이다.

(사진 1)

(사진 2)

돌고래 모양 고인돌

이 고인돌은 인왕산의 서쪽 면에 있다. 유선형의 모양과, 앞부분의 조금 잘라내어 반듯한 곳에 그어진 선이 웃는 모습의 돌고래를 연상케 한다.(사진 1, 2)

조금 멀리서 보니 둥근 바위가 뒤쪽에 있어 전체적으로 등받이를 높인 침대처럼 보인다.(사진 3)

천정 역할을 하는 밑면은 평평하게 다듬어져 있고 그 넓이는 가로 약 3미터, 길이가 약 6.5미터였다.

위로 올라가보니 위쪽은 자연석의 모습으로 둥그런 형이었고 표면은 다듬었는지 매끈하다. 밑에서 본 것보다 훨씬 커 뒤쪽은 가로가 5.5미터가 되었다. 특징적인 것은 뒤쪽을 비스듬히 잘라 거기에 하나는 더 크고 하나는 약간 작은 둥근 형태의 바위 두 개로 눌러 놓아, 상석을 고정 시켜 놓은 것이었다. 침대 등받이처럼 보이던 바위가 그것이다. 이렇게 하지 않으면 상석이 균형을 잃고 앞으로 넘어가는 것일까?

고임돌과 상석으로 이루어져 있고, 밑면을 수평으로 다듬은 고인돌의 전형적인 모습이다. 사람에 의해 만들어진 것이 분명한 돌고래 모양 고인돌은 다른 다듬어진 거대 바위들이 사람에 의한 것임을 추정케 한다.

돌고래 모양 고인돌 위쪽에도 유선형의 바위를 올려놓은 곳이 있는데 주변에 축대를 쌓아 놓아 어떤 모습인지는 알 수 없으나 고인돌인 것은 분명해 보였다.(사진 4)

(사진 1) (사진 2) (사진 3) (사진 4)

교량 고인돌

큰 바위가 계곡의 다리 역할을 하고 있다. 혹시 하는 마음으로 다리를 건너는데 바위 하나로 이루어져 있다.(사진 1) 설마 이것도 고인돌? 그러기에는 규모가 너무 크다.

뒤쪽 면은 평평하게 다듬어져 있다. 밑으로 내려가 보니 밑면이 칼로 자른 듯 잘리어져 반듯하다.(사진 2) 앞에서 살펴본 고인돌들과 같은 형식이다. 이 역시 고인돌이었던 것이다. 바위 밑 부분을 크게 잘라내어 비가 올 때 물이 잘 빠질 수 있도록 공간을 크게 만들어 놓았다.

공간이 작았다면 토사가 쌓여 막히게 되고 계곡은 바위를 비껴 옆으로 흐르거나 폭포가 되었을 것이다. 그러나 공간이 넉넉하여 지금껏 다리로서의 역할을 유지해온 듯하다. 얼마나 많은 시간이 흘렀는지 알 수 없으나 주변 지형, 비올 때 토사의 양 등을 적절히 고려한 때문일 것이다.

가로 약 10미터, 높이 목측으로 약 8.5미터, 두께 약 5.2미터나 되는 거대한 바위였다. 많은 산을 다녀봤지만 바위 하나로 다리가 되어 있는 것을 본 적이 없는 것 같다. 실용성 때문이었을까? 징표로 남긴 것일까?

(사진 1) 위에 사람이 보인다.

(사진 2)

풍류 고인돌

거대한 고인돌들을 보면서 두려운 마음이 들 수도 있을 것이다. 선바위의 형상은 곳곳이 패어 있고 사람 형상이라 더욱 그렇다. 그러나 다음의 고인돌들을 보면 여유와 웃음, 그리고 운치가 있다.

돌집 모양의 고인돌을 둘러싸고 바위로 산의 형상을 여러 개 만들어 놓았다. (사진 1)은 그중 일부이다. 유려한 선을 자랑하는 산 모양의 고인돌들을 보고 있으면, 깊고 수려한 산중에 들어와 있는 듯도 하고, 잘 꾸며진 정원에 와 있는 것 같기도 하다.

낙엽을 치우는 등 주변을 잘 정리하면 한층 운치가 있을 것이다. 선경 같다는 말이 있는데 고인돌을 통하여 볼 때 선경의 풍광은 자연적으로 이루어진 것이 아니라 미지의 힘을 가진 선조들의 작품임을 짐작할 수 있다.

도인들은 인왕산을 아름답게 꾸미려 한 것 같다. 남쪽면의 얼굴바위, 모자 바위 등이 그렇다. 그런데 계곡에도 꾸며 놓은 곳이 있다. 큰 바위를 계곡 위에, 한 쪽은 그냥 놓고, 다른 쪽은 고임돌로 두 군데 고여 놓았다.(사진 2) 아래로는 물이 흐른다.(사진 3) 교량 고인돌과 비슷한 형식이나 다리 용도는 아니고 계곡을 아름답게 꾸며 놓으려 한 것 같다. 정원 고인돌이라고 할까.

아래쪽에 바위 하나가 곧 떨어질 듯 아슬아슬하게 절반 쯤 걸쳐진 상태로 놓여있다.(사진 4) 언제쯤부터 이렇게 있었을까? 그동안 지진이 없었다는 증거가 될 수도 있겠다. 선인의 해학이 느껴진다. 해학 고인돌이라 할까.

(사진 1)

(사진 2)

(사진 3)

(사진 4)

앞의 정원 고인돌과 같은 형식으로 계곡에 바위를 올려놓아 그 아래로 물이 흐르게 되어 있는 곳이 있다. 한 계곡을 따라 여섯 군데에 같은 형식으로 설치가 되어 있다. 그 중 한 곳은 이중으로 설치가 되어 있다. 계곡이라 잡목이 우거져 사진이 잘 보이지 않는다.

그 중 두 곳을 보기로 하자.

고인돌의 제작 과정

가로 2.4미터, 세로 7미터의 직사각형의 바위가, 아래쪽은 유선형 모습을 하고 경사진 곳의 바위 사이에 있다. 홈을 내어 절단한 것임이 바위 옆선을 따라 확연하게 드러난다.

고인돌을 제작하는 과정이었을까? 혹 제작 과정을 보여주려는 것은 아닐까? 이 바위는 고인돌들이 제작되었음을 직접적으로 증명하고 있다.

위쪽에 거대한 바위가 둥글게 잘린 모습으로 있다. 옆선엔 바위를 떼어내기 위해 판 작은 홈 자국과 깊게 이어진 긴 홈이 또렷하게 남아있다. 사진 상으로는 잘 나타나지 않아 사진은 생략하기로 한다.

바위를 자르기 위해 홈을 파놓은 것이 곳곳에 있다. 자르기 위해 홈을 팠다가 중단한 것일까. 혹 보여주기 위한 것은 아닐까? 그 수가 많아 정교한 것들만 몇 가지 아래 사진으로 보기로 하자.

지상 최대의 고인돌(인왕산 최대의 고인돌)

계곡 정상에 거의 다다랐다. 조금만 더 가면 성곽이고, 성곽의 윤곽이 나무 사이로 보인다. 더는 올라갈 필요가 없을 것 같다. 성곽을 따라 여러 번 다녔으니 성곽까지 갈 필요는 없을 듯하다. 밑을 더 자세히 살펴보는 것이 좋을 것 같다. 그러나 조금이라도 미심쩍음을 남겨 둘 필요가 없다는 생각에 성곽까지 갔다가 내려오기로 하였다. 성곽까지 50미터 정도밖에 남지 않은 것 같다.

둔덕을 무심코 올라선 순간 '아!' 하는 탄성이 절로 나왔다. 잠시 후 이렇게까지 하셔야 했나 하는 생각이 들었다. 징표로서 남기셨다면 말이다.

군부대가 자리한 곳과 암벽 등을 빼고 거의 다 돌아본 듯하여 이제 더는 큰 고인돌은 없지 않을까 하였는데 가장 거대한 고인돌이 발견된 것이다.(사진 1, 2, 3)

앞부분에 담을 쌓아 놓은 것이 군부대 막사처럼 보이기도 하고, 누군가 최근에 공간을 활용하였음을 알 수 있다. 만든 목적이 집회소로 사용하려는 것은 아니었을까? 그만큼 공간이 넓고 상석은 거대하다. 가로가 대략 7.3미터 길이가 18미터나 된다. 높이는 목측으로 6.5미터 정도이다. 아래를 둥그스름한 바위가 받치고 있고(사진 4, 5), 옆은 요즘의 화강암 채석장에서 채석한 듯한 모양의 거대한 바위가 담의 역할을 하며 받치고 있다.

앞쪽에 마당 같은 넓은 공간이 있어 많은 사람이 모일 수 있을 것이다. 마당 아래쪽을 살펴보니 거대한 바위들이 놓여 있는데 축대 역할을 하는 것 같다. 넓은 마당이 거대한 바위들로 축대를 쌓아 형성되었던 것이다.

이처럼 거대한 바위를 정말 사람이 움직여 고인돌을 만들었을까? 지상에 이 보다 더 큰 고인돌은 없을 것이라는 생각이 들었다. 그러나 지상 최대의 것인 줄 알았던 이 고인돌도 보다 더 큰 고인돌이 발견되어 지상최대의 자리를 물려주게 된다.

이 고인돌은 먼 거리에서도 뚜렷하게 보인다.(사진 6, 7, 8)

산 정상의 계곡을 형성한 곳에 안정적인 모습으로 놓여있다.

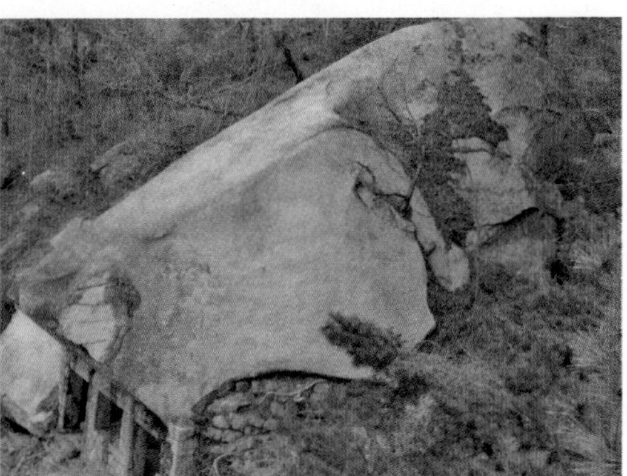

(사진 1)　　(사진 2)

(사진 3)

(사진 4) 앞모습

(사진 5) 옆모습

(사진 6)

(사진 7)

(사진 8)

인왕산 고인돌의 성격

1. 선바위는 수호 고인돌이 아닐까?

선바위의 앞모습을 보면 약간 으스스한 느낌이 든다.(사진 1) 뒷모습은 마치 절규하거나 크게 호통치고 있는 느낌이다.(사진 2) 비틀 듯이 기괴하기도 하다. 처음에는 왜 저런 기괴한 모습을 하였을까 궁금하였는데 나중에 불교의 사천왕상과 같다는 생각이 들었다. 잡인을 막고 성지를 수호하는 것이 목적이 아니었을까?

서울이 무분별하게 개발되어 서울의 좌청룡에 해당하는 낙산이 집들로 거의 뒤 덮일 때, 인왕산은 선바위 바로 아래까지 집들로 뒤덮였지만 위쪽은 그러지 않았다. 선바위의 절규하는 듯한 뒷모습을 보고 그 자리에 집을 짓고 싶은 사람은 없었지 않았을까. 선바위는 산중 고인돌의 수호신 역할이 주어진 것 같다.

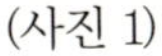
(사진 1)

(사진 2)

2. 암벽에 새겨진 상

인왕산은 암벽으로 이루어진 산임에도 암벽에 새겨진 상이 거의 없는 듯하다. 그런데 선바위 아래 암벽에 앉은 자세로 수련하는 상이 있다. 상투가 있고 크지 않은 눈매가 전형적인 한민족의 형상이다.(사진 1)

눈을 완전히 뜨고 있는데 선도 수련의 높은 단계에 가면 눈을 완전히 뜨고 수련한다는 것과 일치하고 있다.(청산선사 지음, 「국선도」 3권 264쪽)

가장 특징적인 것은 배의 아래 부분이 둥글게 튀어 나와 있다는 것이다.(사진 2) 단전에 기운이 가득 차 있음을 표현하고 있다. 선도 수련하는 사람의 전형적인 모습이다.

인왕산 암벽에 새겨진 거의 유일한 상이 도인의 모습이라는 것은 거대한 바위를 자유자재로 다룰 수 있는 미지의 힘이 우리 고유의 도와 관련되어 있음을 나타낸다고 할 수 있을 것이다.

(사진 1)

(사진 2)

3. 가부좌한 고인돌

양다리를 꼬고 앉아 양발이 양 무릎에 놓이게끔 앉는 것이 가부좌 자세이다. 깊은 안정에 들어갈 수 있는 수련에서 중요시하는 자세이다. 그런 가부좌 자세를 취한 고인돌이 있다.

가부좌한 형상의 고인돌은 앞의 수련상과 더불어 인왕산의 고인돌이 무엇을 표현하고자 하는 것인지, 누가 어떻게 쌓은 것인지를 가장 명확하게 보여준다고 할 것이다.

2장

인체의 원리와 고유의 도

2장
인체의 원리와 고유의 도

앞 장에서 본 바와 같이 인왕산 고인돌의 성격은 표현을 통하여 알 수 있으며, 그 수련의 결과로 거대 바위를 자유자재로 움직여 고인돌을 쌓을 수 있었으리라 추정하였다. 우리 고유의 도를 수련하면 어떤 원리로 이러한 것들이 가능할까?

먼저 고유의 도에 대하여 알아보고, 인체의 원리와 구체적 수련 방법에 대하여 보기로 하자.

전해 내려오는 이야기

먼저 우리에게 전해 내려오는 도사 이야기를 보기로 하자.

누군가 무엇을 아주 잘 할 때, 또는 정황상 알기 어려운데도 알아 낼 때 우리는 "도사 같네."라는 표현을 사용한다. 이것은 도사들이 대단한 능력을 지녔다는 것을 말해주고 있다.

또 무슨 일을 하는 과정에 큰 고통이 따를 때 우리는 '도 닦는 심정으로', '도 닦는 것과 같다.' 라는 표현을 한다.

발레하는 사람들이 특히 이 말을 많이 사용하는 것을 보았다. 즉 도를 닦아 나가는 과정이 큰 고행을 하여야 함을 말해 주고 있다.

산행 중에 들은 이야기,

"이렇게 산행하는 게 도 닦는 거다." "도통했네."라는 말도 많이 사용한다. 관악산 답사 후 하산하여 서울대학교를 통하여 빠져 나오는 중 두 여학생이 이야기를 하며 걷고 있는데 들리는 이야기다.

"그 부분은 나도 도통했나봐."

내용을 듣지 않아도, 어떤 사람과의 관계에서의 갈등을 이야기하며 자기가 잘 참아내고 있음을 표현하고 있는 것 같다.

(입석대)

속리산의 입석대는 임경업 장군이 7년 수도 후 세웠다고 한다. 이 이야기에는 역사적인 실존 인물이 등장하는데 그 진위에 관계없이 수도의 결과로 이런 일을 하는 것이 가능하다는 것을 믿고 있음을 보여주고 있다.

(도신리 고인돌)

고창의 도신리 고인돌은 장사가 들어서 옮겼다는 축조에 관한 이야기가 전해지고 있다고 한다.

화순의 핑매바위 고인돌은 핑매가 사투리로 '던지다'의 뜻이니 던져진 바위라는 의미가 된다.

(핑매 바위 고인돌)

이와 같이 도와 도사 이야기는 우리 민족의 정서와 생활 속에 깊이 뿌리를 내리고 있으며, 인간의 능력이 일반적인 능력보다 훨씬 커질 수 있음을 암시하여 의식을 확장시키는 작용을 하고 있다 할 것이다.

이제 구체적으로 우리 고유의 도를 알아보자.

고유의 도

우리 고유의 도가 현재 전해져 내려오고 있는가?

내려온다면 그곳은 어디일까?

인왕산의 가부좌상은 시중에 모습을 드러내고 있다. 인왕산이란 산중이면서도 서울이라는 대표적 속세에 모습을 드러내고 있는 것이다. 우리 고유의 도가 시중에 드러나 있다는 것을 상징하고 있는 것은 아닐까?

수련은 원래 사람 속에 있고 그 사람들이 산에 가서 수련 한다고 할 때 수련은 산과 사회에 동시에 존재하는 것이 맞을 것이다. 인왕산의 가부좌상은 고유의 도를 시중에서 찾아 볼 수도 있다는 것을 상징적으로 보여주고 있다 할 것이다.

이는 시중에 드러나 있으면서 대대로 맥을 이으며 전해져 내려온 곳이어야 할 것이다. 이러한 조건을 갖춘 곳에 국선도가 있다.

국선도의 책자에 나와 있는 풍부한 도화의 내용들은 앞에서 설명한 고인돌의 상황들과 잘 맞아 떨어지고 있고, 전통의 맥을 잇고 있다는 것도 일치하고 있다.

앞에서 인왕산 도인상의 눈을 완전히 뜨고 수련하는 것이 국선도의 수련 과정과 일치 한다는 것을 설명하였다.

국선도의 도화 중에 고인돌과 관련하여 살펴보면 다음과 같은 내용이 나온다.

"태자는 그날부터 돌을 들고서 모래 산을 오르고 내리기를 꾸준히 하는가운데 들고 다니는 돌은 점점 커졌던 것이다.

(『삶의 길』 도서출판 국선도, 청산선사 지음 375P.)

"소년이 바위를 들어 던지는데 그 바위가 날아가는 소리는 참으로 굉장한 것이며, 바위는 산중을 나는 새와 같이 한없이 날아가는 것이었다.

(『삶의 길』 383P)

인왕산의 가부좌상을 다시 보면, 앞에서 설명한 수호 고인돌인 선바위가 앞에서 지키고 있다. 그런데 그 뒤에 거대한 동물상이 또 지키고 있다.

국선도 도화에 하늘흠 도인 이야기가 나온다.

하늘흠 노인이 백두산에 들어가 힘을 얻기 위해 밤낮으로 3년간 수행하였는데 나중에 하늘흠 노인을 지도하게 될 소년이 하는 말이다.

"제가 세 해 동안 밤마다 하늘흠께서 수련하는 장소에 가 있으며 지켜보았습니다."

그제야 하늘흠 노인은 맹수가 가까이 접근하지 않아 조용히 지낼 수 있었음을 알게 되어…….(『삶의 길』 261P)

이는 상황은 다르나 수련자를 지키고 있는 인왕산의 가부좌상과 유사한 이야기라 할 수 있을 것이다.

국선도는 1967년부터 시중에 보급을 시작하였는데 시중에 국선도를 전한 청산선사는 사부의 명에 따라 전해 내려오는 도를 보급하기 위하여 왔다는 것을 책에 밝히고 있다.

국선도 책에는 미래를 예언 또는 대비하는 내용들이 들어 있는데 이는 도에 관한 노래라 할 수 있는 도가에 잘 나타나 있다.

선도찬가

1.

대자연의 높은 진리 한몸에 깨쳐
선도원법 예왔노라 여기 왔노라
인과응보 인연으로 맺어진 진리
억조창생 구하고저 여기 왔노라

2.

우주도원 거센 법력 대기를 타고
사바세계 곳곳마다 구활할 적에
선도원의 수도자들 무불능통해
억조창민 대상되어 영원하리라

3.

참된 진인 높은 뜻은 말이 없으니
인연따라 연맥도통 주어진 권리
한반도의 백의민족 도왕국이요
억조창민 이어받을 선도법일세

개벽가

1.

선천도수 개벽하여 변화가 되니
선관선녀 하강하는 후천도수라
후천도수 인연잇는 우리민족아
세계통일 평화위해 앞장을 서자

2.

진리근원 높은도력 계승을 받고
개벽도수 시대맞춰 출현을 하니
숨은 인재 수도자들 모두 모여서
우주영법 대도진리 밝혀봅시다

3.

선도원법 광명도덕 하강을 하니
살생무기 개벽하여 농기구되고
자연진리 순종하는 우리민족에
일화통일 광명세상 돌아온다네

도력을 얻는 구체적 과정

우리고유 수련의 맥을 국선도가 잇고 있음을, 즉 국선도가 우리 고유의 도임을 살펴보았다. 이제 국선도에서 설명하는 도력을 얻는 구체적 과정을 알아보자.

1. 기운에 대하여

사람은 먹는 것에서 얻는 기운 즉 땅의 기운과, 호흡으로 얻는 하늘의 기운으로 살아가고 있다고 한다. 보통 사람들은 먹는 음식에서만 에너지를 얻는다고 생각한다. 그러나 국선도에서는 호흡으로 얻는 하늘의 기운과 음식에서 얻는 땅의 기운이 합하여져 힘, 즉 에너지가 된다고 하며 이것을 한자로 정(精)이라 표현한다. 그래서 精자는 땅의 기운을 나타내는 쌀미(米)자와 하늘의 기운을 나타내는 푸를 청(靑)자가 결합되어 글자가 이루어졌다. 정력이란 이 정의 힘이란 뜻으로, 정력적이라는 말은 활동성이 강한 사람을 표현할 때 사용하는데 바로 이 精의 힘이 강하다는 것이다.

이제 이 기운이 인체에서 작용하는 구체적 방법, 즉 인체의 원리에 대하여 살펴보기로 하자.

2. 인체의 원리

산중의 고인돌이 지금껏 밝혀지지 않은 것은 기적에 가까운 일이다.

산중의 고인돌이 지금껏 드러나지 않은 것 못지않게 인체에 대한 정기신의 원리가 잘 알려지지 않은 것도 의문이다.

“본래 동방에는 우리 선민의 ᄇᆞᆰ사상으로부터 흘러나온 ᄇᆞᆰ받는 법의 영향을 받아, 역사 과정에서 각 나라로 보급되어 단전호흡에 대한 문헌과 단리설(丹理說)이 동양에는 꽉 들어차 있어서………. (『삶의 길』45P)”

단리설의 중심 이론이 정기신인데 중국으로 들어간 도가 도교로 종교화하면서 미신과 사술이 만연하고, 도에 관한 글들이 난무하여 그에 파묻히는 결과가 되어 점점 멀어져가게 되었을 것이며, 서구 문명이 도입되면서 거의 잊혀진 것이 되어 있다.

우리 고유의 도에서 본 인간은, 육체와 더불어 그것을 작동하도록 하는 작동 체계가 결합되어 있는 존재이다

정기신은 이러한 작동 체계에 대한 설명이라 할 수 있다.

우리는 머리로 생각을 하고, 마음으로 결정을 하고, 몸을 움직여 실행을 한다. 생각, 마음, 몸 삼자의 관계와 그것들이 어떻게 유기적으로 작용하는지에 대한 설명이 곧 정기신의 설명이고 인체의 원리에 대한 설명이 될 수 있을 것이다.

구체적으로 설명을 하기 전에 마음이 어디에 있을까?

인체 중 마음 작용 하는 곳이라 생각되는 곳을 짚어 보시기 바란다.

누구나 무엇인가를 할 때는 이런 과정을 거칠 것이다.

(1)생각 → (2)결정 → (3)시행

우리 인체에서 생각을 하는 곳이 머리임은 누구나 인정한다. 그럼 결정은 어디에서 할까?

마음에서 결정을 한다. 그렇다면 마음이 어디에 있을까?

지금 서양 과학에서는 마음이 머리에 있다고 생각하는 듯하다. 처음에 심장에서 마음 작용을 하는가 하여 연구하여 보아도 증거를 찾을 수 없으므로 뇌에서 마음 작용을 한다고 결론 내린 듯한 것이다.

그런데 동서양의 언어들은 마음이 심장과 밀접한 관계가 있음을 암시하고 있다. 영어로 심장과 마음은 heart이다. 우리나라도 심장에 마음 심(心)자를 쓴다.

마음자리를 짚으라하면 많은 사람들이 심장 부위 가슴 가운데를 짚는다. 심장이 마음 작용을 하지 않음은 현대 과학에 의하여 밝혀졌다. 그런데 왜 마음이 어디에 있느냐고 물으면 가슴을 짚을까?

결론적으로 마음자리가 심장에 의지하여 존재하며 보이지 않는 어떤 곳이라 한다.

마음에서 어떤 결정을 하면 그에 따라 몸이 움직여 실행을 한다.

그렇다면 마음의 결정을 받아 몸을 움직이게 하는 것은 무엇일까?

아랫배 안쪽에 자리 잡은 힘의 자리가 모든 인체의 활동을 담당한다고 한다. 모든 힘이 허리에서 나온다는 말이 있는데 이때의 허리는 물리적인 허리가 아닌 이곳의 활동상을 나타내는 것이라고 할 수 있다.

즉 힘의자리가 있어 여기에서 힘을 받아 모든 인체의 활동이 이루어진다고 보는 것이다.

힘의 자리가 작동하는 원리를 자동차를 예로 들어 보자. 자동차가 움직이는 것은 움직일 수 있도록 설계된 바퀴, 힘을 전달하는 여러 기관들, 차체 등이 시동이 걸리어 엔진의 힘이 전달되어서이다. 즉 엔진의 힘이 움직임의 실체적 힘인 것이다. 따라서 엔진이 힘의 자리가 된다.

꼭두각시 인형의 춤을 보자.

꼭두각시의 춤 동작은 그것을 움직이는 사람의 생각에 따라 결정된다. 그런데 꼭두각시의 춤 동작은 사람의 생각에 의해서만 결정되는 것은 아니다. 그 생각이 결정이 되어 몸에 전달이 되고, 그 전달이 정확히 생각대로 되었을 때 꼭두각시의 춤은 생각과 동일하게 움직여질 것이다.

이처럼 꼭두각시의 생각과 결정은 사람이 하고, 그 결정을 사람 몸의 손이 움직여 기운을 전달함에 따라 꼭두각시가 춤을 추게 되므로, 꼭두각시를 움직이게 하는 실체적 힘은 사람이 될 것이고, 이 사람이 꼭두각시의 힘의 자리라 할 수 있는 것이다.

이와 같은 원리가 인체에도 적용되어 힘의 자리에서 힘이 전달되었을 때 모든 육체적 행위(기초대사 포함)가 이루어진다고 보는 것이다.

위의 원리가 생각 작용에도 적용 될까?

생각을 하는 것도 어떤 자리가 있어 이곳에서 뇌를 주관하여 생각 작용이 이루어지도록 한다고 한다. 이곳도 보이지 않으며 머리 가운데 자리 잡고 있다고 한다.

이와 같은 인체의 구조 하에서 심장 등의 장부 및 기초대사 작용이 우리의 의식의 개입 없이 이루어지고 있는데, 이는 힘의 자리에 의하여 자동으로 작동되도록 설계되어 있기 때문이다. 시동이 걸린 차가 자동으로 엔진의 작동과 이의 힘을 전달 받아 여러 가지 일을 하는 것과 같다.

사람은 자동차와 비유하면 태어날 때 시동이 걸려서 죽을 때 시동이 꺼진다고 볼 수 있다.

차의 생각과 결정은 사람이 대신 한다. 차는 사람으로 치면 몸만 있는 것과 같다. 시동이 걸리면 엔진과 여기에서 힘을 전달받은 여러 기기들이 작동하게 된다. 열이 발생하여 차체는 뜨거워지고 이것은 우리의 체온과 같다고 할 수 있을 것이다.

사람이 생각하고 결정하여 몸을 통해 기기를 조작하고 그것을 통하여 결정을 전달하면 그에 따라 차는 움직이게 된다.

사람은 생각과 결정, 몸이 하나로 결합되어 있다고 할 수 있다.

이것이 인체의 원리로 우리의 전통사상은 여기에 기반을 두고 있다.

앞에서 살펴본 힘의 자리, 생각하는 자리, 마음자리는 각각 정(精), 기(氣), 신(神)이라 명칭 한다. 또는 하단전(下丹田), 상단전(上丹田), 중단전(中丹田)이라고 한다. 인체의 기운의 흐름이 임독맥을 따라 하단전, 상단전, 중단전의 순서로 흐르므로 정신기라 하지 않고 정기신이라 한다.

이것을 그림으로 나타내보자.

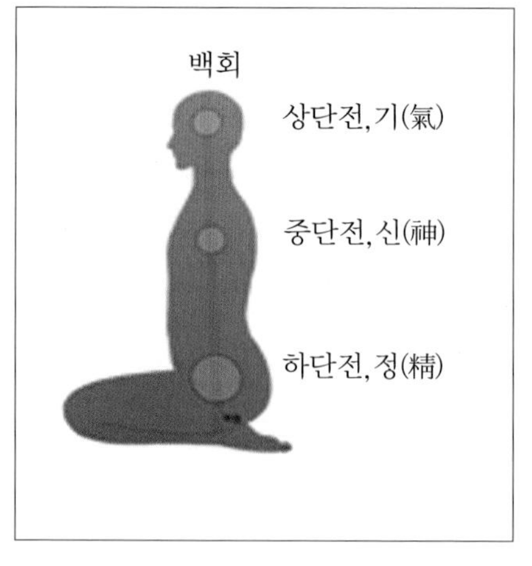

언어는 한 민족의 사상과 문화의 정수라고 한다.

우리나라 말에는 정(精) · 기(氣) · 신(神)이 들어가는 단어가 많이 있다.

_정: 정기, 정력적, 정령, 정신

_기: 기력, 기운, 기분, 기질, 심기, 기절

_신: 신명, 귀신, 신기, 신경

정신적, 육체적 행위 등을 설명하는 이들 단어는 중요한 필수 용어로서 한민족 언어의 특징적인 것이라 할 수 있을 것이다.

국선도 수련은 인체 내의 정기신의 작용을 활성화 시키는 것이라 할 수 있다. 정기신은 서로 유기적으로 연결되어 작용을 하는데 그 힘의 근원은 정이다. 정(힘의 자리)의 힘이 강하면, 기(사고 자리)의 힘이 강해지고 기가 강해지면 신(마음자리)의 힘이 차례로 강해지는 것이다.

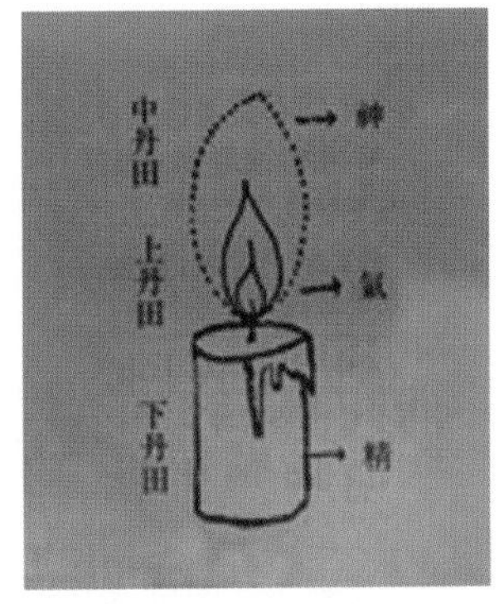

"이 원리를 형체적으로 쉽게 이해하기 위하여 촛불로 해설해본다면 정(精)은 초의 유지에 해당하고, 기(氣)는 심지에 타오르는 화염에 해당하고, 신(神)은 화광에 해당한다고 본다.

즉 유지가 실하면 화염이 장(壯)할 것이요, 화염이 장하면 화광이 명(明)할 것은 자명의 이치인 것이다.

즉 정실즉기장(精實則氣壯) 하고 기장즉신명(氣壯則神明) 한 것이다." (「국선도」 1권 91P)

3. 국선도 수련의 원리와 도력

국선도 수련은 인체의 원리에 따라 정기신의 작용을 활성화 시키는 것이라 할 수 있다. 즉 정(精)을 충실히 함으로써 기(氣)와 신(神)을 장하게 하려는 것이 국선도 수련의 출발이 되는 것이다.

정을 충실하게 하는 방법은 무엇일까.

정은 음식에서 얻는 땅의 기운과 호흡으로 얻는 하늘의 기운이 합하여진 것이라 하였다. 그런데 음식으로 얻는 기운은 일정량을 넘지 못한다. 음식은 많이 먹을 때 보다 적당량을 먹을 때 기운이 더 얻어진다. 음식에서 얻을 수 있는 기운은 한정되어 있는데 많이 먹으면 과잉된 음식까지 소화하고 처리하는데 에너지가 소모되기 때문이다.

그러나 하늘의 기운은 한정이 없이 받아들일 수 있다.

그렇다면 하늘 기운을 받아들이는 구체적인 방법은 무엇일까.

사람은 누구나 하늘 기운을 받아서 살아가고 있다고 했는데 그 양이 제한되어 있다는 것이며, 수련은 특수한 방법을 통하여 그 양을 극대화 하자는 것으로, 우리 고유의 도는 그 출발을 단전호흡에 두고 있다.

단전호흡이란 폐에서 산소 호흡이 이루어짐과 동시에 아랫배 안쪽에 자리한 힘의 자리에 기운을 충실하게 끌어들이고자 하는 호흡법을 말한다.

이렇게 하여 하늘 기운을 충실하게 받아 정이 충실하여지면, 앞에서 살펴본 인체의 원리에 따라 기가 장해지고, 신이 명해져, 지혜가 트이고 도력을 행할 수 있게 된다는 것이다.

도력은 능(能)함을 말한다고 할 수 있는데 보고 듣고 깨달아도 능(能)함이 없다면 소용없는 것이라는 것이 국선도의 입장이다.(『삶의 길』 262P)

즉 도력은 도의 극치를 외부로 보여주는 것이라 할 수 있는데 바로 이 도력이 드러난 것이 대고인돌이라 할 수 있을 것이다.

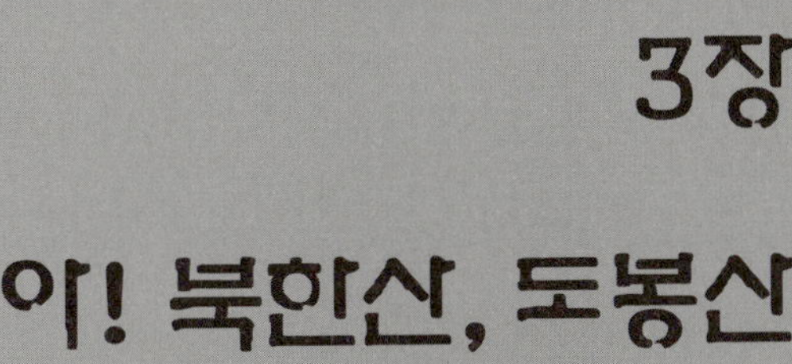

3장

아! 북한산, 도봉산

3장
아! 북한산, 도봉산

인왕산을 답사하면서 인왕산에만 고인돌이 있을 것이라 생각하였다. 이때의 고인돌이란 다듬어지고 올리어져 있는 바위를 말한다. 북한산은 책 「고인돌의 비밀」에 나와 있는 고인돌만 확인하고 인왕산의 고인돌만 가지고 소책자를 꾸며 보기로 생각하였다. 그것으로도 충분하다는 생각이었다.

인간의 능력으로 기계로도 불가능한 거대한 바위들을 산 위에서 자유자재로 움직일 수 있다는 것을 보여주기 위한 징표라고 생각하였기 때문에 이 정도면 충분하다고 생각하였고, 북한산에도 몇 군데 있겠지만 인왕산에 중점을 두었으리라 짐작하였다.

그만큼 신비로운 일이었고 또 북한산에 여러 번 갔었지만, 그저 자연의 모습이겠지 생각하여서인지 특별한 것을 느끼지 못하였기 때문이다.

따라서 가벼운 마음으로 둘러볼 작정으로 북한산으로 향하였다. 그러나 북한산에는 다양한 고인돌들이 다량으로 펼쳐져 있었고 그것은 도봉산까지 계속 되었다.

인왕산에도 있었지만, 알아보지 못하였던 것들을 점차 볼 수 있게 됨에 따라 다양하게 펼쳐진 고인돌들을 통하여 선인의 능력과 그 능력을 가능하게 하였을 수련 과정, 그리고 사람 자체의 차원이 고도로 높아지는 것이 아닌가 생각하게 되었다.

형상의 발견 과정

고인돌을 확인하는 것이 목적이므로 바위가 올려져 있는가에 중점을 두고 확인하려 하였다. 사진을 찍고 탐색을 하려다 보니 정상적인 등산로에서 약간씩 벗어나는 경우가 많아 안전사고의 위험들이 있어 구체적 장소는 언급하지 않으려 한다.

산봉우리에 둥근 형태를 하고 작은 바위에 고여져 있는 바위를 발견하였다.(사진 1, 2) 앞모습은 반인반수의 얼굴 모습 같다.(사진 3) 자연스레 저런 모습이 될 수는 없을 것이다. 자연적인 변화 과정인 풍화의 개념이 전혀 적용되기 어려운 모습이다.

지대가 산의 정상 부분이라 위에서 굴러 왔을 수도 없고 부착되어 있지 않아 그 자리에 있던 바위가 풍화 되었다고 하기도 어렵다. 둥근 형태로 작은 바위로 고여져 급경사의 정상 부위에 놓인 바위, 고인돌이 분명해 보인다.(사진 4)

(사진 1)

(사진 2)

(사진 3)

(사진 4)

큰 바위가 올려져 있는지 확인을 하다가 전체의 모습을 사진에 담으려 카메라로 구도를 잡으며 보고 있는데 큰 잉어 같은 모습이 점차 드러난다. 그냥 보면 바위가 커서 눈에 들어오지 않다가 카메라를 통해 작게 축소되니 형상이 보이게 된 것이다. 사진을 찍어 나중에 자세히 보니 거대한 두꺼비의 형상이었다.(사진 1) 다리 쪽에는 두꺼비 특유의 피부의 돌기까지 선명하다.(사진 2)

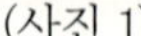

(사진 1)

(사진 2)

두꺼비 형상을 발견하면서 고인돌이 올려져 있는 바위만이 아니라 어떤 형상을 표현하고 있는 것을 알게 되었고 차츰 뱀, 누에 모습 등을 발견하면서 형상이 표현되어 있는 가도 자세히 살피게 되었다.

인수봉 정상의 고인돌

책 「고인돌의 비밀」에 인수봉 정상에 고인돌이 있다는 것과 사진이 실려 있다. 전문 등반 장비를 갖추고 암벽에 쇠를 박아 몸을 고정 시키지 않으면 오르내릴 수 없는 곳에 거대한 바위의 고인돌이 있다는 것이 사진을 보면서도 믿어지지 않았다.

인터넷을 찾아보니 산악인들은 이미 고인돌이란 명칭을 자연스럽게 사용하고 있었다. 가까이서 본 모습은 사람 몇 명이 밑에 들어가 앉아서 쉴 수 있을 만큼 높이 고여져 있고, 고임돌은 네모 반듯하게 다듬어져 있으며, 천정 부분은 칼로 자른 듯 평평하게 되어 있어 고인돌이 확실해 보였다.

(사진 1)을 보면 인수봉 정상에 고인돌이 보인다.

옆의 사람들이 조그맣게 보인다.(사진 2)

좌측을 머리로 하는 생명형상이다.

이처럼 신기하고 불가사의한 일이 또 있을 수 있을까?

(사진 1)

(사진 2)

새끼 업은 어미 형상 고인돌

멀리에서부터 작은 하마 형상의 웃는 모습을 보았고 점차 접근하여 드러나는 전체의 모습! 초거대 동물이 등에 함박 웃는 새끼를 업고 어디론가 걸어가고 있는 형상이다.(사진 1, 2)

인왕산에서 이미 단련되었다고 할 수 있지만 그 규모가 너무 크고 정교하여 놀라움을 금할 수 없다. 저절로 나오는 소리, 어떻게 이런 일이!

어미의 숙연한 모습과 어미 등에 업혀 웃는 새끼의 천진난만한 모습이 삶의 영속성을 상징하는 것 같다.(사진 3)

부착된 바위를 다듬은 것 같은 몸통 부위에 앞발과 어깨 부위를 결합하고(사진 4) 머리 부위를 고임돌로 고여 결합한(사진 5, 6, 7) 거대 고인돌이었다.

(사진 1)

(사진 3) (사진 2)

(사진 4) (사진 5)

(사진 6) (사진 7)

다양한 형상의 고인돌

1. 사람 얼굴 형상

한눈에 봐도 사람 얼굴 형상이다. 물론 고인돌을 찾는 시각으로 보아서 일 것이다. 그냥보면 코 부위가 너무 튀어나와 사람 얼굴이라 생각하기 어렵다.(사진 1) 그러나 약간 코를 과장하여 크게 하였다 가정하고 살펴보면 머리, 코, 턱 등 사람의 얼굴 형상이다.

답사를 하면서 여러 지점에서 이 형상을 바라보게 되었는데 그러다 어느 지점에서 바라 본 형상은 정확한 사람이었다.(사진 2)

(사진 1)

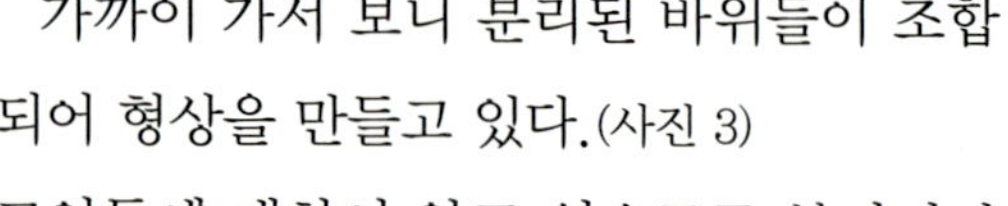

가까이 가서 보니 분리된 바위들이 조합되어 형상을 만들고 있다.(사진 3) 고인돌에 대하여 알고 있으므로 분리되어 있는 바위들이 자연적으로 조합되어 사람 얼굴 형상을 정확히 취한 것이 아니라는 것을 금방 이해할 수 있다.

즉 고인돌인 것이다.

(사진 3)

(사진 2)

2. 십이지신상

동물 형상을 취한 고인돌들이 많다. 그 중 십이지신상을 나타내는 동물상을 보도록 하자.

쥐 형상

소 형상

소가 엎드려 쉬고 있는 형상이다.

호랑이 형상

근엄하게 앉아 있는 호랑이 상이다.

컴퓨터에 익숙하지 않아 사진이 지워지게 되었다. 다행히 많이 지워지지 않아 다시 가서 찍기로 하였다. 원래는 그날 다른 곳으로 이동하려는 날이었다.

사진 찍을 것이 너무 많아 가봐야 할 곳은 여러 군데 남아 있는데 좀처럼 한 지역을 벗어나지 못하고 있다. 인왕산에서 북한산 보러 오는 길이 꽤 걸렸던 것과 같다. 그렇게 하루 더 답사하다 귀중한 형상들을 더 발견하게 되었다. 그중 하나가 산중을 시찰하는 듯한 호랑이의 얼굴 부위까지 제대로 된 형상이다. 며칠 전 몸통 부위를 찍었으나 이제 보니 부족한 모습이었다.

토끼 형상

약간 부족한 대로 토끼 형상이다.

용 형상

잡목에 약간 가려지나 용의 형상이 뚜렷하다.(사진 1) 바로 옆에 만화 캐릭터 같은 익살스러운 모습의 용이 있다.(사진 2)

(사진 1) (사진 2)

밤 형상

말 형상

여러 개의 바위가 조합되어 천마도 같은 모습이다.

양 형상

뚜렷하지 않으나 아쉬운 대로
양이라 하자.

원숭이 형상

처음에는 사람 얼굴로 보았으나 눈이 원숭이의 특징적인 모습과 닮아 원숭이 형상으로 구분한다.(사진 1) 다른 원숭이 상도 있다.(사진 2)

(사진 1)

(사진 2)

다음의 형상은 어떻게 구분해야 할까. 사람으로 구분하기에는 유인원에 가까워 보이고 유인원으로 보기에는 너무 근엄하다.

닭 형상
공룡 같기도 하나 아쉬운 대로
닭이다.

개 형상

음각화 되어 있는 개의 형상은 여러 군데에 있다. 코끼리 상의 음각화가 가장 많고 다음이 개인 것 같다. 특정되지 않은 형상은 제외하고서 이야기이다. 특정되지 않은 형상은 뚜렷한 것과 그렇지 않은 것이 섞여있고 수를 헤아리기 어렵다. 사람과 가까운 개인만큼 형상도 여러 군데에 있다.

돼지 형상

코가 많이 나왔으나 돼지 형상으로 분류하자. 높은 곳에서 서울을 내려다보고 있다.

3. 동물 형상

다람쥐

다람쥐 형상은 동물상 중에서 가장 먼저 발견한 것이다.

눈과 귀까지 선명하다.

이 다람쥐 형상은 줄무늬가 선명하다. 어떻게 이처럼 줄무늬가 선명하게 보이게 할 수 있는지 신기하다.

코끼리

코끼리상은 대부분 거대하게 깎여진 암벽에 음각되어 있는데 여러 마리가 중첩 되어 표현된 경우가 많았다. 크기가 크고 나무들에 가려져 사진 찍기가 어려웠다.

곰돌이

사진이 지워져 하루 더 답사하다 발견한 상이다. 인형으로 많이 본 곰돌이와 유사하여 곰이라 하기보다 곰돌이라고 불러본다.

사자

명확하진 않으나 사자라고 하자.

낙타

고양이

하마

하마일까, 곰일까, 고래일까?

방향에 따라 하마로도 보이고, 곰으로도 보이며, 고래로도 보인다. 눈이 선명하다.

물개

퓨마

4. 새 형상

독수리

먹이를 향해 돌진하는 자세로 깊은 계곡을 향해 있는 모습, 매처럼 보인다. 후에 매의 형상을 발견하고 비교하여 보니 독수리 상이었다. 죽은 동물을 주로 먹고 사는 독수리는 커다란 모습으로 하늘을 유유히 날고 있을 때 가장 멋있는데 이 독수리상은 매처럼 날렵하게 급강하하는 모습이다.

매

어떤 형상인지 뚜렷하지도 않고 유난히 특이한 모습의 바위가 있다.(사진 1) 무슨 형상을 표현하고 있을 것 같은데 살펴보아도 그 모습 그대로이다. 이후 어느 지점에서 바라본 매다운 형상.(사진 2)

기품 있게 높은 곳에 앉아 자태를 뽐내고 있다. 처음엔 앞의 특이한 모양의 바위와 전혀 연결되지 않았으나, 거대한 아래 바위에 올리어져 있는 숙여져 있는 듯한 바위의 옆면이 매의 모습을 형상하고 있음을 알 수 있었다.

위아래 바위사이로 보이는 허공은 위의 바위가 올리어져 있음을 뚜렷이 보여주고 있다.(사진 3)

(사진 1)

(사진 3)

(사진 2)

앵무새

큰 부리와 눈이 앵무새의 특징을 잘 보여주고 있다. 정말 앵무새를 표현하려고 한 것일까?

바위새

새의 형상인데, 뚜렷하게 어떤 새의 모습이라 특정 짓기 어려워 바위새라고 이름 붙여 본다.

5. 파충류, 양서류 형상

개구리

모양과 눈이 개구리의 형상을 뚜렷이 보여주고 있다.

왕도마뱀

악어

6. 곤충 형상

사마귀

누에

메뚜기

7. 어류 형상

거북이

물고기

8. 공룡 형상

(뿔이 선명하다)

9. 소풍가는 동물상

10. 물먹는 동물상

11. 거대한 형체들

12. 암벽에 밀착하여 서 있는 형상

13. 절하는 형상

양팔을 모아 절하는 형상이다.(사진 1, 2)

다른 방향에서 보면 사람 얼굴 형상이다.(사진 3)

(사진 1) (사진 2) (사진 3)

14. 트로피 형상

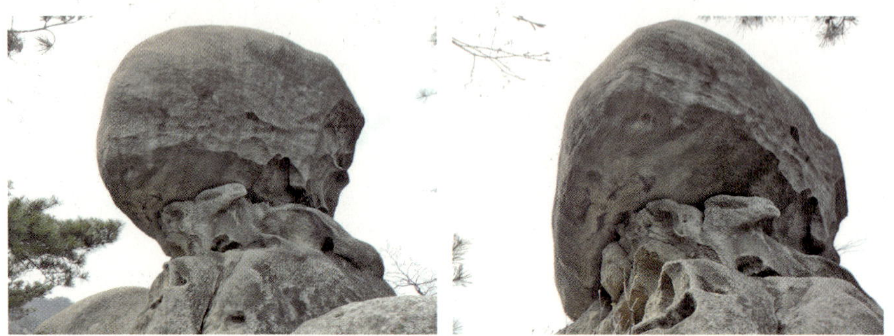

사모바위의 진실

북한산을 종주하는 능선에 네모진 모습의 사람 얼굴 형상을 하고 높이 올려져 있는 커다란 바위.(사진 1)

사모바위의 아래 바위들을 보면 부착된 것이 아니라 여러 조각의 바위들이 조합되어 있는 것을 볼 수 있다. 목 부위의 바위는 목도리를 한 것처럼 목도리의 양 끝을 나타내는 듯하고 아래의 바위들은 몸통의 모습으로 다듬어져 전체적으로 사람 형상이 뚜렷하다.

주위에 크게 깨어져 있는 바위들이 무더기로 모여 있다.(사진 2) 사모바위를 다듬을 때 나온 바위 잔해일 것이다. 뒤로 돌아가 살펴보니 얼굴 부위를 받치고 있는 기단 바위의 밑면이 네모의 형태로 평평하게 다듬어져 있고 밖으로 많이 튀어나와 있어 원래 이 자리에 부착되어 있던 바위가 풍화된 것이 아닌 올려진 바위처럼 보였다.(사진 3,4)

우측 옆에서 본 모습은 큰 눈에 슬픈 표정이 역력하여 왜 사모바위라고 이름 지어졌는지 알 수 있을 것 같다.(사진 5) 좌측 멀리서 보니 얼굴 부위가 얼굴과 머리선이 명확하게 구분 되도록 다듬어져 있고 전체적으로 앞으로 숙여진 모습이다.(사진 6)

(사진 1) (사진 2)

(사진 3) (사진 4)

(사진 5) (사진 6)

아! 사람이다

1. 의상봉과 옆의 봉우리

의상 능선을 종주하면서 보니 의상봉과 그 능선이 온통 깎여져 있음을 볼 수 있었다. 다음 날 북한산성 계곡 입구에서 바라보니 의상봉과 옆의 봉우리에서 사람 모습이 보이는 것이 아닌가!
날렵하게 생긴 도인과 약간 우락부락한 두 도인이 서 있는 듯하다.(사진 1) 앞에서 사람 형상으로 쌓여진 바위들은 보았으나 이번에는 산 전체를 몸으로 하고 그 위에 얼굴을 새겨 놓은 것이다.

이제 고인돌을 논할 때 규모를 가지고 이야기하는 것은 의미가 없지 않을까 한다. 인왕산에서 최대 크기의 고인돌을 발견하고 지금까지 알려진 어느 고인돌보다 큰 지상 최대의 고인돌이라 생각하였으나 지금은 산 자체가 고인돌이 되고 있는 것이다.

의상봉의 사람상은 먼 곳을 응시하고 있고(사진 2) 옆의 사람상은 이 쪽을 정면으로 응시하고 있는 듯하다.(사진 3) 의상봉의 상은 산 이름을 따 의상선인이라 하면 될 것 같은데 옆의 분의 이름은 무어라 불러야 할까?

(사진 1)

(사진 2)

(사진 3)

2. 노적봉

둥글게 산 전체가 다듬어진 노적봉도 사람 상 같다. 뚜렷한 눈과 우측으로 약간 틀어진 입의 웃는 모습이 후덕한 인상이다.

3. 만경대

만경대 전체가 호랑이 형상으로 다듬어진 것 같은데 그중 가장 높은 봉우리가 사람상이다. 각진 얼굴에 입을 우측으로 틀고 있다.

4. 보현봉

온몸이 황금 비닐로 뒤덮인 듯한 사람 형상이다. 특별한 느낌이 든다. 장중하고 깊은 사색에 잠겨 있는 듯하다. 눈과 입이 뚜렷하다.

5. 자운봉

마치 합장을 하고 있는 듯한 모습이다. 몸도 약간 숙여진 듯하여 합장하고 인사하는 모습처럼 보인다. 합장하고 인사하는 것이 우리 전래의 인사법이라 하여 국선도의 인사법도 합장하고 몸을 가볍게 숙이는 것인데 일맥상통하는 바가 있다. 선한 모습의 두 눈이 선명하다. 한국 여인의 이미지와 닮아 있다.

6. 우이암

아이를 돌보고 있는 여성의 모습처럼 보인다. 뒤에서 다시 보겠지만 산에 우뚝 솟은 모습이 신비 그 자체이다.

7. 여성봉

머리가 긴 여성의 모습이다. 봉우리가 여성의 모습이라 여성봉이란 이름이 붙었을 것이다.

8. 만장봉

우측으로 고개를 돌려 이쪽을 정면으로 바라보고 있다.(사진 1) 다듬어진 몸의 선이 분명하다. 목이 두꺼워 보이는데 더 가늘게 하기에는 머리 무게를 감당하기 어려웠을까? 머리 모양을 내기 위해 바위들을 쌓은 듯하다.(사진 2)

(사진 1)

(사진 2)

9. 인수봉의 올려진 바위들

인수봉 서쪽 면에 큰 바위 3개가 올려져 있는데 무엇인가 부자연스럽다. 이유가 있을 듯한데, 여러분도 이유를 생각해 보시기를…….

원효봉의 고인돌

원효봉 중턱에 고인돌의 전형을 보여주는 대고인돌이 양쪽으로 쌓여져 있다. 아래 사진은 멀리에서 본 모습인데, 나무 사이로 올리어져 있는 모습이 선명하게 보인다.

염초봉은 생명체를 표현하고 있다

염초봉은 생명체를 표현하고 있는 듯하다. 좌측이 머리 부분이고 우측이 몸 부분이며 편안하게 넓죽 엎드려 있는 동물의 형상이다. 얼굴 부분에 졸린 듯 한 양 눈과 코가 보인다.

아! 여자다

앞에서 인수봉에 세 개의 바위는 왜 놓여 있을까? 의문을 제기 하였었다. 궁금하여 자주 살펴보아도 알 수 없었지만 어느 지점에 서니 보이는 모습. 아! 여자다.

젊은 처자가 비스듬히 누워 우측을 바라보고 있는 자세이다. 가지런히 놓인 두 개의 바위는 여성의 가슴을 나타내는 것이었다.

신비로운 일이다. 무질서하게 바위들이 깎여져 있는 듯 보이더니 어느 지점에서는 익숙하고 친밀한 인상의 여인이 선명하게 모습을 드러낸다. 거대하기까지 한 아름다운 형상이다.

이제 세 개의 바위 중 두 개의 의문은 풀린 듯하다.

그렇다면 나머지 하나는 왜 올려져 있을까?

숨은벽의 얼굴

북한산의 풍경 중 누운 듯한 노적봉이 인수봉 백운대와 함께 보이는 사진은 신비로워 보인다. 누운 듯한 숨은벽의 사진 또한 신비롭다. 자주 접하지 않아 더욱 신비로운 듯하다.

북한산은 서울이라는 대도시를 둘러싼 명산이지만 너무 가까이 있다 보니 오히려 덜 찾게 된다. 새롭게 살피며 다녀 본 북한산은 지극히 아름다운 산이었다.

숨은벽을 오르며 찍은 얼굴 형상, 사람일까? 아닐까?

몸을 형성하는 바위들은 짜깁기 한 것처럼 결합되어 있다.

저 바위는 어떻게 떨어지지 않을까?

아래에서 올려다보니 독립된 바위가 공중에 떠 있는 듯하다. 윗부분이 다른 곳에 끼어 있을까?

현기증 나는 위치의 고인돌

어느 봉우리 밑에 다다르니 한 사람이 바위에 매달려 있다. 형세를 보니 오르지도 내리지도 못하는 상황 같다. 그리 높지는 않지만 그렇다고 뛰어내릴 수 있는 높이와 장소도 아니다.

"잡아 드릴까요?" 하니 반가운 표정이다. 웬만하면 "아닙니다." 하고 스스로 해결하려 할 것인데 상황이 그렇지 않은 것이다.

누가 홈을 파놓아 오를 때는 그 홈을 보며 오를 수 있지만 내려 올 때는 홈이 보이지 않아 손을 뗄 수도 발을 옮길 수도 없는 상황이 될 수가 있다. 이럴 때는 다시 올라가서 방도를 찾아야 하지만, 올라가도 다시 내려와야 하니 다시 똑 같은 상황에 처할 거라는 생각 때문인지 매달려서 어찌할 바를 모르게 된다.

전문 산악인은 훈련을 쌓고 다양한 바위 상황에서 연습을 하며, 암벽 등산화를 착용하고 배낭도 등에 쏙 들어가는 작은 가방을 메고 바위를 탄다. 일반인이 용기만 가지고 험한 바위에 오르는 것은 무모한 것 일 수 있다.

필자도 어렸을 때 마을의 큰 산을 오르다가 비슷한 경험을 한 적이 있다. 지금 와서 살펴보니 확인하지는 못했지만 정상 부근을 인위적으로 깎아서 바위가 드러나게 한 것이 아닐까 생각되는데, 그 부분에서 한 발을 딛고 올라서며 위로 손을 뻗어 바위를 잡았는데 막상 더는 위로 오를 수가 없는 곳이다.

그렇다면 다시 내려가야 하는데 손을 옮겨 잡을 곳이 없다. 딛고 있는 지점은 두꺼운 이끼에 덮여 이끼가 떨어져 미끄러지려고 한다. 어찌 할 바를 모르는 상황이다. 다행히 다른 곳으로 오른 동료가 손을 내밀어 올라 갈 수 있었다. 길지 않은 시간이지만 뚜렷이 기억에 남는 혼란의 시간이었다.

아마 이때의 경험으로 조금의 고소공포증이 생긴 것 같다. 암벽만 아니면 웬 만큼 경사져도 오를 때는 어렵지만 내려올 때는 뛰듯이 내려 올 수 있는데도 암벽 같은데 가게 되면 극히 조심하게 된다.

고인돌 사진을 찍으러 다니며 보통의 경우 그냥 지나쳤을 곳을 사진을 찍어야 하니 그럴 수가 없다. 혼자서는 오르지 말라는 경고판이 붙어 있는 곳을 빠짐없이 올랐다. 그러는 과정에 약간의 공포감이 밀려올 때도 있었다. 그럴 때는 온몸의 힘을 빼고 단전에 의식을 두었다.

긴장 할 때 아랫배에 힘을 주라는 말이 전해져 내려온다. 그런데 이때 힘을 어떻게 주느냐가 문제이다. 마시는 호흡과 함께 든든하게만 힘이 주어져야 하는데 배 근육에 힘을 주게 되면 자연스러움을 잃어 효과를 못 보게 된다.

다시 본론으로 돌아가자.

발을 잡아 주어 내릴 수 있게 도와주고 올라가서 본 광경, 위태위태한 곳에 개의 형상일까? 아찔한 절벽에 노출되어 있다. 더구나 그 상태에서 위쪽은 작은 바위로 고여져 있다. 어떻게 저런 상태로 설치 할 수가 있을까. 혼자 서서 사진 찍기도 어려워 엉거주춤하게 앉아 바위에 기대어 사진을 찍었다. 아래는 깎아지른 낭떠러지이다.

높은 절벽 옆의 경사진 바위 위에, 생명 형상 바위들이 차곡차곡 쌓여있다. 위쪽이 밑쪽보다 조금 튀어나온 듯하여 미끄러져 무너질 것 같은데 어떻게 그냥 있는지 알 수가 없다. 신기하다는 말밖에 더 무슨 말을 할 수 있을까?

급경사의 산 면에 물고기 형상의 바위가 놓여있다. 분리된 바위일까? 부착되어 있는 바위일까?

높은 바위 위에서 밑을 내려다보고 있는 형상이다. 아직 어려보이는 바위인데 위험하진 않을까?

정상 부근의 바위 끝에서 거북이가 묘기를 하는 듯한 자세로 고개를 우측으로 돌리고 있는 형상이다. 국선도의 행공자세 같다.

도봉산을 오르는 길에 돌탑이 멋있게 서 있는 것을 보았다. 미끄러질 듯한 돌 위에 버섯모양으로 올려놓은 돌이 근사하다. 사진을 찍고 올라가다가 어떤 바위를 찍으려 하는데 젊은 사람이 가로 막듯이 하더니 사진을 찍는 것 같다.

내가 찍는 것들은 남들에겐 의미 없어 보이는 것이 많다. 별 특색 없는 바위에 불과해 보이기 때문이다.

그런데 그런 것을 찍으려 하다니 생각하며, 약간 떨어진 계곡에 가 있다가, 다시 찍으러 가다 발견한 세워진 돌, 신기하다. 누가 세웠을까? 보통 사람은 세우기 어려울 것인데. 내려올 때 보니 그대로 서 있다. 다시 사진을 찍고 멋있는 돌탑도 그대로 있어 다시 찍었다. 7~8시간을 서 있다니 균형이 잡히면 가능한 것일까?

길이 30m의 대 고인돌

처음엔 무심히 지나쳤으나 인수봉 쪽에서 내려오다 바라보니 등산로 옆에 있는 거대한 긴 바위도 고인돌이구나 하는 생각이 들었다.

매끈하게 다듬어진 반원형의 상태이고 앞부분이 잘리어져 있으나 너무 길고 등산로에 붙어 있어 알아차리지 못하다가 먼 곳의 높은 데서 보니 전체가 눈에 들어와 알아 볼 수 있었던 것이다. 길이가 약 30m나 된다.

이렇게 큰 고인돌이 아무렇지도 않은 듯 놓여 있는 이 땅은 어떤 땅인가. 우리는 어떤 곳에 살고 있는가 하는 생각이 한참 동안 계속되었다.

거대 고래 형상 고인돌

도봉산 자락에 풍수적으로 가운데라 생각되는 곳에 쌓여져 있는 바위들 위에 올려진 바위가 있다. 멀리에서도 잘 보인다.(사진 1,2)

가까이 가서 보니 고래의 형상이다. 눈이 뚜렷하다.(사진 3) 밑에서 올려다보니 마치 미사일을 장착하여 놓은 듯한 모습이고 아득하게 높다.(사진 4, 5) 저 높은 곳에 거대한 고인돌이 올려져 있는 것이다.

(사진 1)

(사진 2)

(사진 4)

(사진 3)

(사진 5)

길이 26m의 고인돌이 높이 올려져 있다

거대한 달팽이 모양의 바위가 있다.(사진 1)

뒤쪽 밑 부분은 평평하게 다듬어져 있고(사진 2) 그 자체가 동물형상이 된다. 내려가 다른 쪽을 보니 전혀 다른 모습이다.(사진 3, 4) 길이를 재어 보니 약 26m이다. 이런 바위가 다른 바위 위에 올려져 있는 것이다.

더는 무어라 표현할 수가 없다.

(사진 1) (사진 2) (사진 3) (사진 4)

오봉 정상의 바위들도 고인돌일 것이다

여성봉에 올라 오봉을 바라보며 주위 사람들이 하는 말이다.

한 분이 "물리학적으로 저 바위가 어떻게 떨어지지 않고 있을 수가 있느냐." 하니, 다른 분이 하는 말 "그 보다 어떻게 저렇게 형성 될 수가 있느냐?"하는 것이다.

다섯 개의 바위가 다섯 개의 봉우리마다 하나씩 놓여져 있다. 붙어있는 바위도 아니고 크기도 봉우리보다 크게 작으니 풍화되어 저렇게 되기도 어려울 것이다. 오봉 자체도 가까이 가보니 깎아지른 암벽이다. 자연적이지 않은 곳에 자연적이지 않은 바위들이 올려져 있는 것이다.

오봉을 북한산 쪽에서 본 모습(사진 1), 여성봉 쪽에서 본 모습(사진 2), 오봉 능선에서 본 모습(사진 3), 아래에서 본 모습.(사진 4)

오봉 중 하나를 보면 바위가 올려져 있는 봉우리 바위가 생명체의 형상임을 알 수 있다. 사람 상이 무등을 태우는 자세로 아이를 목에 올려놓은 듯 하다.(사진5)

오봉 능선에 두 사람이 등을 맞대고 서 있는 듯한 상이 봉우리에 새겨져 있다.(사진 6, 7) 우측 사람상 머리에는 인수봉에서 본 고인돌과 비슷한 모양의 바위가 올려져 있다. 두 개로 갈라져 있는 것도 같다. 다만 고여 있는지는 알 수 없다.

이상의 현상을 모두 고려해보면 오봉과 위에 올려져 있는 바위들이 고인돌인 것이 분명해지는 것 같다.

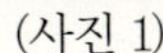
(사진 1)

(사진 2)

(사진 3)

(사진 4)

(사진 5)

(사진 6)

(사진 7)

초대형 잉어 형상의 고인돌

초대형 잉어 또는 잉어와 닮은 고인돌들이 있다. 너무 커서 사진 찍기가 곤란하다. 너무 커서 강은 물론 소양호에서도 살 수 없을 것 같다. 바다는 민물이 아니니 살 수 없고 그래서 산으로 온 것은 아닐까?

1. 눈이 뚜렷한 잉어이다(사진 1)

꼬리 지느러미 부분은 이어 붙여져 있다.(사진 2)

꼬리 지느러미 부분은 사진에 나타난 것 보다 크나 많이 잘려서 나타나지 않고 있다. 눈은 어떻게 만들었을까? 하얀 바위에 검은 색의 눈이다. 알 수가 없다.

평평하게 다듬어진 암벽 위에 올려져 있다.(사진 3, 4) 멀리에서 바라본 모습(사진 5, 6), (사진 6)에서 맨 우측의 바위가 이 잉어상이다.

(사진 1) (사진 2)

(사진 3) (사진 4)

(사진 5) (사진 6)

앞 사진의 형상을 보면 형상의 앞 바위 면이 하얗다. 그런데 이 형상의 앞 바위 면은 검게 물들어 있다. 왜 그럴까? 형상이 바닥에서 분리되어 있는 것처럼 보이는데 전체가 올려져 있는 것은 아닐까? 그래서 꼬리 지느러미 부분이 이어져 있는 것은 아닐까?

꼬리 지느러미 부분은 원래의 부착된 바위를 다듬은 것이 확실해 보인다. 머리와 몸 부위 전체가 바닥에 부착되어 있지 않아 비가 오면 물이 흘러 바위가 검게 변한 것 같다. 실제로 비가 오다가 그친 후 보니 물이 계속 흘러내린다. 바닥에 붙어 있다면 비가 그치면 금방 물의 흐름이 멈추어야 할 것이다.

2. 고래처럼 생겼다

앞의 잉어처럼 꼬리 부분이 이어져 있는데 정교하게 이어 붙이지 않고 틀어져 있다.

3. 눈의 표현이 재미있다

입 모양을 만들기 위하여 입 앞쪽 바위를 깨트려 내었다.

4. 이외 잉어 또는 잉어를 닮은 형상

옆으로 유영하는 거대 잉어 형상 고인돌

거대한 잉어가 우측으로 누워 유영하고 있다.(사진 1, 2, 3)

그 표정이 무척이나 여유롭고 즐거워 보인다. 우측 뒤쪽엔 동물 형상의 바위가 서 있다.(사진 4, 5) 그런데 위에 올려져 있는 바위들을 찍다가 이상하여 줌을 당겨보니 철심이 박혀있는 것이 보인다.(사진 6,7) 아까 얼핏보았던 곳도 당겨보니 철심의 머리가 보인다.(사진 8)

급히 가보니 두 군데 철심이 박혀있고 무엇인가 표시도 해 놓았다.(사진 9, 10)과 (사진 11, 12) 그리고 옆에는 화장실을 의미하는 것 같은 표시가 되어 있다.(사진 13) 철심은 일본 침략자들이 하였을 것 같은데 시멘트로 표시 되어 있는 1968. 5는 년도와 월을 나타내는 것 같아 후에 누군가 해 놓은 것 같다. 누가 그랬을까?

(사진 8)를 보면 줄이 늘어져 있는 것이 보인다. 마치 코를 꿰듯이 하고 거기에 줄을 매달아 놓았다. 누가 악의적으로 이러한 것들을 해 놓은 것이 분명하다. 그 악의의 대상은 누구일까? 관계 당국의 철저한 조사와 조처 가 필요할 것이다.

(사진 1)

(사진 2)

(사진 3)

(사진 4)

(사진 5)

(사진 6)

(사진 7)

(사진 8)

(사진 9)

(사진 10)

(사진 11)

(사진 12)

(사진 13)

일본의 침략 정책은 다른 나라와는 달랐다고 한다. 다른 나라는 경제적 이익만을 취하려 하였다면 일본은 우리 민족과 문화를 철저히 말살하려고 하였다. 철심이 그 증거로써 보이지 않는 지맥까지 끊으려고 한 것이다.

책「아리랑」「토지」등을 읽어보면 일본이 얼마나 집요하게 한민족을 파괴하려 하였는지를 잘 보여준다.

그런데 지금은 외압보다 내부의 민족정신의 부재가 문제가 되고 있다. 광화문 광장의 세종대왕상 꽃밭의 외국어 이름을 언급하며 '지금이 오히려 더 위험하다. 전에는 강제적이었지만 지금은 자발적이다.' 라고 조정래 작가가 한탄하는 기사를 본 적이 있다.

어떤 사람들은 이러한 견해에 대하여 국수주의라고 말한다. 그렇게 말하는 사람들이 민족에 대한 의식을 가지고서, 그렇지만 그것이 과하면 안 된다는 의미에서 국수주의를 이야기 할까? 아닐 것이다.

지금은 국수주의가 문제가 아니라 민족정신 자체가 약화되고 있는 것이 문제가 되고 있는 것이다.

집 형태로 고여진 고인돌

인왕산에서 집 형태로 되어 있는 고인돌들을 살펴보았는데 그와 같은 형태의 거대 고인돌들이 있다.

1.바위가 거대하여 공간이 광장 같다

2. 입을 벌리고 있는 동물 형상이다.

3. 안쪽은 매끈하게 다듬어져 있고 바깥쪽은 생명상이다.

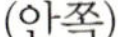

(안쪽)

(바깥쪽)

(안쪽)

(바깥쪽)

쌓여있거나 올려져 있는 고인돌

1. 쌓여 있는 바위들

2. 올려져 있는 바위들

네모 형태로 세워진 고인돌

네모 형태로 거대 바위를 다듬어 세워놓았다. 자세히 보면 중간에 선을 그어 입을 삼고 조그마하게 눈도 새겨져 있다. 즉 생명상이다. 옆에는 3단으로 쌓아진 바위가 있고 이 역시 생명상처럼 보인다. 그 우측의 바위 위에 사람이 서 있어 비교해보면 이 형상이 얼마나 큰지 알 수 있다.

갓바위 고인돌

마치 갓을 쓰고 있는 듯하여 갓바위라 한다고 한다.(사진 1, 2, 3)

앞에서 살펴보았던 올려져 있던 대 고인돌들과 같은 형식이다. 위에는 생명체 형상의 바위가 올려져 있고(사진 4) 아래에는 차곡차곡 바위를 쌓았다.(사진 5,6) 밑에서 올려다보면 아스라이 높다.(사진 6)

사람이 쌓았을까. 아직도 믿어지지 않는다.

(사진 1) (사진 2)

(사진 3) (사진 4)

(사진 5)

(사진 6)

산 아래에서도 뚜렷한 도봉산의 대고인돌

크기가 얼마나 될까? 멀리에서 볼 때도 고인돌이라는 생각이 들었다. 그런데 너무 크다. 인왕산의 거대 고인돌과 유사한 모습으로 매끈하게 다듬어져 있고 비슷한 산 정상의 계곡 부위에 놓여져 있다.(사진 1) 그러나 도저히 믿을 수 없는 크기이다. 위에 올라 살펴보니 생명 형상의 눈이 보인다.(사진 2) 매끈하게 다듬어진 모습(사진 3)과 더불어 고인돌임을 분명하게 보여준다. 접근하기 어려운 위치라 크기를 측정하지 못하였다.

산 아래에서도 모습이 뚜렷하다.(사진 4, 5)

(사진 1)

(사진 2) (사진 3)

(사진 4) (사진 5)

선사시대의 표시

돌을 자르기 위한 홈들이 북한산, 도봉산의 여러 곳의 바위들에 새겨져 있다. 그런데 바위를 자르기 위한 목적이 아닌 것으로 보이는 것도 있다. 바위 중간에 홈을 새겨 놓은 것은 바위를 자르기 위한 것은 아닐 것이다.

특히 등산로와 계곡의 초입에 새겨져 있는 것들은 산중 고인돌이 사람에 의한 것임을 나타내려는 목적이 아닐까?

따라서 이를 '선사시대의 표시' 라고 불러 본다.

(북한산 우이동) (도봉산 입구) (북한산성 입구)

(북한산성 입구) (북한산성 입구) (북한산성 입구 계곡)

(도봉산 계곡) (도봉산 계곡) (북한산성 입구 계곡)

(도봉산 회룡계곡) (북한산 의상능선) (북한산 원효봉)

4장

고인돌은 생명을 표현하고 있다

4장

고인돌은 생명을 표현하고 있다

인왕산에서는 다듬어져 올려져 있는가와 고여 있는가에 중점을 두고 고인돌인가를 살폈었다. 북한산과 도봉산에서는 사람상, 동물상 등 다양한 형상들과, 또 어떤 형상인지 특정 지을 수 없지만 눈과 입을 통하여 생명을 표현한 것을 살펴 보았다.

하나의 바위에 2~4개의 생명체가 표현되기도 하였다. 즉 이렇게 보면 이런 형상이고, 다른 쪽에서 보면 다른 형상이 되는 식이었다.

고인돌이 생명을 표현하는 것임이 점차 분명해졌다. 고인돌 형식으로 되어 있는 것 중에 생명이 표현되지 않은 것은 거의 없다고 보는 것이 맞을 것 같다. 거의 예외 없이 눈과 코, 입, 형상을 통하여 생명이 표현되어 있다. 고인돌이 생명을 표현하기 위하여 만들어졌는지는 알 수 없지만 생명의 표현은 고인돌의 핵심이라고 할 수 있다.

형식에 있어서는 고임돌 위에 바위를 올린 것도 있지만, 그 보다 훨씬 많은 수가 산 곳곳과 계곡에 자연스럽게 놓여져 있었고 부착된 바위를 생명체 형태로 다듬거나 음각을 통하여 생명을 표현하고 있다.

생명을 표현하는데 눈이 가장 중요한 역할을 하는데 바위를 파내기, 가볍게 홈을 내기, 색을 변하게 하기, 튀어나오게 하기, 왕방울 눈처럼 만들기, 물을 이용하기 등 다양한 방법이 동원되었다.

파내거나 홈을 낸 눈은 각도를 정확히 맞추었을 때 모습을 드러냈다가 그 각도를 벗어나면 전혀 다른 모습이 된다. 사진을 찍을 때도 정확하게 맞추어 찍어야 제 모습이 드러나게 된다.

많은 바위 사진들을 보아도 생명이 표현된 것을 찾기 어려운데 우연하게 각도가 맞을 경우나, 때로는 어느 각도에서 찍어도 눈이 찍히게끔 되어 있는 경우 이외에는 각도가 벗어났기 때문이다.

명칭을 어떻게 하여야 할지 모르겠으나 지금까지 알려져 있던 고인돌("지상 고인돌"이라고 하자.)들도 산중 고인돌과 똑같이 생명을 표현하고 있다.

강화 고인돌처럼 두 개의 고임돌에 고여져 있는 고인돌들은 상석이 얇게 다듬어졌는데 이 때문에 새의 형상이라고 볼 수 있는 생명 형상들이 많이 표현되고 있고 대부분이 여러 방면에서 보아도 각각 생명의 형상이 표현되어 있다. (솟대와도 관련이 있을까?)

고창 · 화순의 고인돌처럼 작은 돌을 고이거나 그냥 땅에 놓여 있는 고인돌들도 모두 생명이 표현되어 있다. 산중 고인돌과 기존의 고인돌이 모두 생명을 표현하고 있는 것이다. 앞에서 살펴본 사람 형상, 동물 형상의 고인돌들도 모두 생명을 표현하고 있었다.

여기에서는 앞에서 다룬 것들은 제외하고 다른 고인돌들을 통하여 고인돌이 표현하고 있는 다양한 생명 형상들을 살펴보기로 하자.

눈을 가진 생명 형상

다양한 형태로 눈을 만들어 생명을 표현하고 있다.

1. 산을 다듬어 형체와 눈을 만들었다

거대한 동물상이 좌측을 돌아보듯 만들어졌다. 바위를 튀어나오게 다듬어 그 그늘과 함께 눈을 만들었다. 눈을 표현한 바위 위에 구멍을 두 개 파서 눈을 만들어 그 자체가 또 하나의 생명체를 표현하고 있다.

이렇게 훌륭한 조각상이 또 있을 수 있을까?

작은 산 하나를 배경으로 삼아 바위를 다듬어 생명상을 표현하였다. 눈과 입이 뚜렷하다.

다른 각도에서 보면 산 전체의 눈이 보인다. 앞의 상이 눈의 역할을 하고 있음을 알 수 있다. 상의 가운데 나무가 자라 두 눈이 되도록 하고 있다.

2. 튀어나온 눈

눈이 튀어나오기 위해서는 원래 바위의 눈 부위가 튀어나와 있거나, 아니면 주변을 깎아서 눈이 튀어나오게 하여야 할 것이다. 그런데 그렇게 하기에는 깎아야 할 주변의 면적이 너무 넓어 보인다.

흰 바위에서 눈이 검게 된 이유는 무엇일까?

■사례 1

■사례 2

위의 것보다 규모가 작으며 눈의 색이 변하거나 그냥 튀어나오게 표현하였다.

3. 구멍이나 파내어서 만든 눈

구멍이나 파낸 곳의 크기나 유형은 다양하다. 전국의 해골바위라 불리우는 바위들의 파인곳은 눈과 코, 입을 표현하고 있는 경우가 대부분일 것이다.

4. 선이나 홈으로 표현한 눈

가볍게 홈을 파거나 선으로 눈을 삼았다.

형태가 구체적이지 않은 수많은 고인돌들은 대부분 이 유형에 속할 것인데, 형태가 뚜렷하지 않은 경우 사진에서는 잘 나타나지 않아 직접 보아야 구분이 가능한 경우가 많다.

5. 바위를 얹어 놓은 눈

큰 바위 위에 작은 바위를 얹어 눈을 삼았다.

속리산에서 돌탑을 발견하였는데 작은 돌을 하나 들어내니 돌을 얹어 눈을 삼은 모양이 되었다.

6. 이끼를 이용한 눈

유난히 눈이 검고 뚜렷하여 다가가 만졌다가 떨어져 나와 당황한 경우가 있다. 알고 보니 이끼였다. 검은 이끼가 눈 역할을 하고 있었던 것이다.

우연일 수 있으나 눈 역할을 하는 이끼는 여러 군데에 있다. 바위에 어떤 흠집을 내면 거기에 이끼가 자라게 되는 것 같다는 생각이 들었으나 알 수 없는 현상이다.

7. 색이 변하게 하여 만든 눈

이 경우 대부분 뚜렷하지가 않고 사진 상 판독이 어려워 사진 찍기가 쉽지 않다. 앞의 이끼가 끼게 하는 것과 비슷하게 바위에 흠집을 내면 색이 짙어지는 것 같은데 이 역시 알 수가 없는 현상이다.

8. 물을 이용한 눈

바위에 홈을 파서 물이 고이게 하여 눈을 만들었다. 인왕산, 북한산 등에도 있었으나 알지 못하다가 지리산에 가서 알게 되었다.

물이 눈의 역할을 하는 것을 알았을 때 그 다채로움에 또 한 번 놀랄 수밖에 없었다.

구멍을 크게 파내어서 생명상의 입을 삼았다.(사진 1, 2)

그 입이 한 눈이 되고 물이 흐르는 바위를 파서 한 눈을 삼아 외계인 형상의 모습을 만들었다.(사진 3, 4)

(사진 1) (사진 2)

(사진 3) (사진 4)

다음은 물을 이용한 다양한 눈의 형상이다.

9. 사람 얼굴 형상에 표현 된 눈

사람의 얼굴 또는 비슷한 형상에 표현된 눈이다.

두 개 이상의 바위를 이어 생명을 표현

두 개 이상의 바위를 이어 머리와 몸을 표현하여 생명체 상을 삼았다. 많은 상 중 규모가 크고 뚜렷한 것 위주로 살펴보기로 하자.

좌측과 우측 그리고 가까이에서 살펴본 모습이다. 특이한 모습이며 사람과 비교하여 보면 그 크기를 짐작할 수 있다.

다음 사진을 보면 네 개의 큰 바위를 이어 놓아 생명상을 삼았다.(사진1)
이중 맨 우측 바위를 앞뒤에서 본 모습이다.(사진 2, 3)
다른 바위와 붙어 있지 않고 작은 토대 위에 서 있는 모습이다.
밑은 반듯하고 많은 부분이 토대 밖으로 나와 있다.

(사진 1)

(사진 2)

(사진 3)

다음은 다양한 형태와 규모의 상이다.

형상을 통하여 생명을 표현

뚜렷한 눈이 없이 형상을 통하여 생명을 표현하였다.
다양한 규모와 형태가 존재한다.

생명의 형상으로 다듬어진 산

산이 사람의 형상 등 다양한 생명상을 표현하도록 다듬어져 있음을 앞에서 보았다.

여기에서는 중복되지 않는 범위에서 북한산, 도봉산의 생명체 형태로 다듬어진 곳들을 살펴보기로 하자.

기존의 지상 고인돌도 생명을 표현

1. 강화도의 고인돌

강화도의 대표적인 고인돌을 보자

실제로 보니 굉장히 크다. 치우쳐진 듯 한데 균형이 맞는지 상대적으로 약해 보이는 고임돌들이 잘 고이고 있다.

이 고인돌이 생명을 표현하고 있는 것이 금방 눈에 들어온다.

한 마리 새가 날아가는 듯 한 모습이다. 새 형상의 눈에서 오랜 세월을 견딘 듯 한 깊이가 느껴진다. 뛰어난 예술작품을 보듯 경외감이 든다.

사방에서 바라보면, 각각 양쪽 끝 부분에 생명을 표시하는 눈이 새겨져 있음을 볼 수 있다. 눈이 잘 보이지 않는 경우에도 생명 형상이라는 것이 잘 나타나 있다.

위 고인돌 옆에 네모 형태로 서 있는 고인돌이 있다. 고여져 있는 일반적인 고인돌과 다른 모습이다. (사진 1)을 보면 우측 아래에 눈과 코, 입 그리고 머리선이 확연히 드러나는 사람 얼굴 형상임을 알 수 있다.

반대편에서 바라본 (사진 2)의 왼쪽 위쪽을 보면 어렴풋이 눈이 보인다. 역시 생명상이다. (사진 3)을 보면 우측을 바라보며 서 있는 동물 형상임을 알 수 있다. 위쪽에 눈이 보인다.

(사진 1)

(사진 2)

(사진 3)

다음 고인돌을 보자.

(사진 1)을 보면 양쪽 끝에 얼굴상과 눈이 보인다.

(사진 2, 3)을 보면 양 눈이 뚜렷이 보인다.

반대편에서 바라본(사진 4, 5)에도 역시 눈이 보인다.

날아가는 생명을 형상화하고 있음을 알 수 있다.

(사진 1)

(사진 2) (사진 3)

(사진 4) (사진 5)

다음의 상들도 눈이 뚜렷하게 나타나 있다.

2. 고창 고인돌

이 고인돌은 앞에서 살펴본 강화도를 대표하는 고인돌과 형식에 있어서 거의 유사하다고 할 수 있을 것 같은데 규모가 작다.

비슷한 유형의 다른 고인돌보다 높이 올려져 있어 날렵한 느낌이 든다. 얇게 다듬어진 상석을 8방에서 바라보자. 뚜렷한 눈과 그렇지 않은 것이 있으나 각각 양쪽으로 생명상을 볼 수 있다.

고창 고인돌의 특징은 다양한 형식의 고인돌이 섞여있다는 것이다. 지금까지 고인돌을 남방식, 북방식으로 분류하여 왔으나 이는 제고 되어야 할 것이다.

다음의 상을 보자. 여러 방면에서 봐도 뚜렷한 생명상이 나타난다. 동물 형태와 눈이 뚜렷하다.

많은 고인돌 중 생명의 형태가 뚜렷한 것 위주로 몇 개를 더 보기로 하자.

5장
고인돌의 증거

5장
고인돌의 증거

앞에서 인왕산, 북한산, 도봉산의 고인돌을 살펴보았는데 그 자체의 설명에서 고인돌이라는 증명이 되었다고 할 수 있다. 여기에서는 앞에서 밝혀진 것과 몇 가지 첨부를 통하여 산에 형상화 되어 있는 거대 바위들이 고인돌임을 증명 할 수 있는 증거들을 살펴보자.

생명을 표현하고 있다

생명을 나타내고 있다는 것은 자연적이 아닌 사람에 의한 것임을 증명하고 있다고 할 수 있을 것이다. 앞 장에서 살펴보았다.

집 모양 고인돌

자연적으로 바위 기둥과 지붕을 갖춘 집 형태가 형성되지는 않을 것이다. 특히 기둥과 지붕 바위는 다듬어진 흔적이 뚜렷하고 지붕 역할을 하는 바위의 밑면은 평평하게 다듬어져 있다. 한 지역에 집중되어 있는 것도 자연적이 아닌 것을 증명하고 있다. 인왕산에서 살펴보았다.

밑면이 평평하게 다듬어져 있다

이는 대부분의 올려져 있는 고인돌에 나타나는 것으로 그때그때 살펴보기로 하자.

같은 모양의 고인돌

특이한 모습의 바위가 두 곳 이상에 있는 경우이다.

특이하지 않다면 사정이 다르나 특이한 모습의 경우라면, 그리고 다듬어진 흔적이 뚜렷하다면 고인돌임을 증명하는 유력한 증거가 될 것이다.

■**사례 1 •** 말끔하게 다듬어진 바위 위에 눈 모양으로 바위가 올려져 있다.

눈 역할을 하는 바위들이 올려진 것인지 부착된 바위를 다듬은 것인지는 분명하지 않지만 눈의 역할을 하기 위한 것은 확실해 보인다.

(북한산)

(도봉산)

(도봉산)

■**사례 2** • 산을 깎아 여성의 모습이 드러나게 한 것이다.

여인상과 소녀상이라는 차이는 있어 보이나 비스듬히 누워 우측을 바라보듯 하고 있는 모습이 비슷해 보인다.

(북한산)

(설악산)

■**사례 3** • 신랑과 각시가 함께 서 있는 듯한 모습이다.

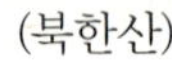
(북한산)

(도봉산)

■**사례 4** • 도봉산에서 카메라를 맞추다가 갑자기 나타나 뚜렷한 눈으로 바라보고 있는 듯하여 깜짝 놀란 모습, 큰 눈망울의 여성상이다. 그리고 사람형상은 아닌 고양이 상처럼 보이지만 비슷한 유형의 눈을 표현한 상이 있다.

(도봉산)

(북한산)

■**사례 5** • 커다란 고양이 형상의 바위가 세 군데에 있다.

모양은 약간씩 차이가 나지만 움츠리고 있는 듯한 모습이나 표정이 고양이처럼 보인다.

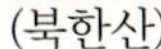

(북한산)

(북한산)

(도봉산)

■사례 6• 동물 형상의 거대한 바위이다.
나무에 약간 가려졌지만 모두 눈이 선명하다.

(도봉산)

(속리산)

■사례 7• 입을 벌리고 웃고 있는 듯한 상이다.

(북한산)

(도봉산)

■**사례 8** • 눈의 구성 형태만 다를 뿐 비슷한 유형의 상이다

(동해안)

(동해안)

좌우가 다른 모습

좌우가 전혀 다른 모습의 상들이 있다.

자연적으로는 설명하기 어려운 모습이다.

■**사례 1** • 돼지 형상의 바위가 정상부에 있다.

뒷부분을 보면 분리되어 있고 평평하게 다듬어져 있어 올려져 있음을 알 수 있다.(사진 1) 반대쪽을 보면 형태는 비슷하나 반듯하게 다듬어져 있다.(사진 2) 그런데 돼지상 뒤쪽의 바위까지 가지런하게 다듬어져 있다.(사진 3, 4)

(사진 1)

(사진 2)

(사진 3)

(사진 4)

■사례 2 • 산자락을 따라 바위들이 첩첩이 쌓여있다.

맨 위의 바위는 투구를 쓴 사람 머리 모양 같다. 반대편에서 바라보자. 거대한 여인상이 뚜렷하다. 좌우의 모습이 형태에서부터 색까지 완전하게 다르다. 여인상을 조성하기 위해 부착된 바위를 다듬었거나 바위를 쌓았다는 것을 보여준다.

■**사례 3** • 앞에서 살펴보았던 합장하고 인사하는 모습의 여성상이다. 우측으로 돌아 가자 얼굴상은 사라지고 첩첩이 쌓여있는 바위만 남았다.

■**사례 4** • 절벽위에 바위가 거대한 개구리 모양의 바위를 업고 있다. (사진 1)

좌우의 모습을 보면 모습과 색감이 확연히 다르다. 그리고 각각 다른 생명상들이 새겨져 있다.

(사진 2.3)

(사진 1)

(사진 2)

(사진 3)

■**사례 5**• 높은 곳에 공룡처럼 보이는 생명상이 놓여있다. (사진 1) 반대쪽을 보면 전혀 다른 모습과 무늬의 물고기 상이 새겨져 있다. (사진 2.3)

(사진 1)

(사진 2)

(사진 3)

잘려져 있는 바위들

면이 깨끗하게 잘려진 바위들이 있다. 규모가 큰 것들만 보기로 하자.

■ **사례 1** • 잘린 면이 반듯하지 않고 나선형이다.
잘린 곳을 재보니 길이가 14m나 된다.

■ **사례 2** • 둥글고 긴 바위가 잘리어져 있다.

■ **사례 3** • 물고기 형상의 바위가 잘리어져 있다.

■사례 4• 강화도 마니산의 잘리어진 바위이다.

■사례 5• 여러 형태의 잘리어진 바위들

고인돌의 모든 조건을 갖춘 상

고인돌의 증거에 해당하는 모든 조건을 구비한 상이 있다.

계란형으로 다듬어진 머리 모양에 눈과 입선이 새겨져 생명상을 나타내고 있다.(사진 1) 입선 밑은 매끄럽게 다듬지 않았고 위쪽만 매끄럽게 다듬었다. 뒷면과 밑면이 평평하고 매끄럽게 다듬어져 있다.(사진 2, 3)

고임돌이 고이고 있고 고임돌도 동물 형상이다.(사진 4)

고임돌이 잘려져 있다.(사진 5)

상석 밑은 공간이 있어 집 모양 고인돌의 조건을 충족시키고 있다. 마지막으로 선사시대의 표시(사진 6)로 고인돌의 모든 조건이 구비되었다.

(사진 1) (사진 2)

(사진 3) (사진 4)

(사진 5)

(사진 6)

디딜방아 형 고인돌

디딜방아처럼 뒤쪽을 눌러 앞쪽이 들린 상태로 있는 바위가 있다. (사진 1)

뒷부분을 작은 바위가 누르고 있다.(사진 2)

뒤에서 누르고 있는 바위는 작아서 혼자 무게로 바위 앞쪽이 들리게 할 수 없다. 그래서 뒤쪽의 암벽에 기대고 있다.(사진 3)

누르고 있는 바위를 고정시키기 위하여 암벽을 파내었다.(사진 4)

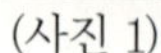

(사진 1)

(사진 2)

(사진 3)

(사진 4)

뒤의 누르고 있는 바위가 충분히 커 앞쪽을 들리게 한 경우를 보자

얇게 다듬어진 고인돌

바위를 얇게 다듬었다.

독립 바위를 다듬은 경우도 있지만 암벽에 한쪽이 붙어 있는 상태로 다듬은 경우도 많다. 화강암이 자연적으로 이렇게 얇게 형성되기는 어려울 것이다. 또한 생명상이 많은데 이 경우는 고인돌이 확실하다고 할 수 있을 것이다.

아슬아슬하게 고여져 있는 고인돌

고임돌들이 아슬아슬하게 상석을 고이고 있는 경우가 있다. 자연적으로 형성되었다고 생각하기 어려운 모습들이다.

1. 북한산, 도봉산

■ 사례 1

■사례 2

■사례 3

거북이 형상의 가운데 큰 바위가 위아래 돌들에 끼어 들려 있는 모습이다. 사진에는 나타나지 않지만 거북 모양 바위의 우측면은 암벽에 살짝 기대어 있다.

■사례 4

■사례 5

■사례 6

■ 사례 7

■ 기타 사례

2. 계룡산

■ 사례 1

눈이 뚜렷한 생명상이 작은 바위에 끼어 공중에 떠 있다. 작은 바위는 고정되어 있는 바위에 기대어 힘을 받고 있다.

■ 사례 2

■사례 3

3. 지리산

■사례 1

■사례 2

■사례 3

4. 설악산

■사례 1

큰 바위가 얼굴을 하늘로 향한 채 다른 바위들 틈에 끼어 공중에 들려있다.(사진 1)

뒤의 바위와 맞닿아 있는 모습이 익살스럽다.(사진 2, 3) 옆에 쌓여 있는 돌탑이 신기하다.(사진 4, 5) 이런 식으로 조성되어 있다고 보여주는 듯하다. (사진 5)의 제일 아래 작은 돌은 공중에 들려 있는 큰 바위와 처지가 비슷한 것 같다.

(사진 1)

(사진 2)  (사진 3)

(사진 4)  (사진 5)

■ 사례 2

■사례 3

아슬아슬하게 고여 있는 바위들은 고인돌의 유력한 증거들이다. 그런데 이들 사례는 모여 있다.

계룡산의 사례 1과 2, 지리산의 사례 1, 2, 3, 설악산의 사례 1, 2, 3이 각각 10m 반경 내외에 모여 있는 것이다.

하나하나 특이한 사례들이 한 곳에 모여 있다는 것은 이들이 고인돌임을 증명하고 있다고 할 것이다.

6장
고인돌을 위시한 암벽산들은 깎아서 조성 된 것일까

6장

인수봉을 위시한 암벽 산들은 깎아서 조성 된 것일까?

우리나라 산은 숲이 덮고 있다.

산은 숲에 덮여 있지만 암석 덩어리라고 볼 수 있다. 표피의 흙을 조금만 제거하면 바위가 드러나는 것이다. 그런데 명산들을 보면 많은 봉우리들이 암벽으로 되어 있는 것을 볼 수 있다.

암벽으로 형성된 봉우리는 강한 느낌을 주고 다양한 기암괴석으로 눈을 즐겁게 한다. 사람이 생활을 하며 거주하기에는 암벽산보다 육산 주변이 편안할 것이다.

적절하게 육산에 섞인 바위산은 좋지만 바위산만으로 주변이 둘러싸인다면 거주지로서 편안하지는 않을 것이다.

앞에서 산이 사람 얼굴 상등 생명체 형상으로 다듬어진 것을 살펴보았다. 여기에서는 조금 더 세부적으로 산이 깎여 암벽산이 된 증거들을 살펴보기로 하자.

계룡산의 옮겨진 바위들

갑사에서 남매탑 쪽으로 오르다보면 많은 작은 바위들을 볼 수 있다.

(사진 1, 2) 이렇게 많은 바위들이 풍화작용으로 생겨난 것일까?

계룡산의 전반적인 지형은 바위가 없이 낙엽에 덮여 있는 모습이다. 이 바위 무더기 바로 옆에도 같은 모습이다.(사진 2, 3)

이곳에서만 특별히 풍화가 진행되어 바위들이 생겨났다고 보기 어렵다. 산이 깎여서 나온 것은 아닐까? 위로 올라가보니 정상 부위가 매끄럽게 되어 있다.(사진 4) 바위들이 산을 깎고 다듬을 때 나온 것이 확실해 보인다.

(사진 1) (사진 2)

(사진 3) (사진 4)

금잔디 고개에서 큰골삼거리 쪽으로 방향을 정하고 가는데 능선 쪽에 숲이 우거진 사이로 여러 개의 큰 바위들이 보인다. 모두 독립되어 있는 바위들이다.

하얀색 화강암 덩어리들이 다듬어진 모습으로 그 중 상당수가 하나의

바위 위에 다른 바위가 올려져 있다.(사진 1~6)

급경사의 능선 지역이라 큰 바위를 고이는 바위 없이 세우기 힘들어 보이는 지형이다.

전체 숲은 이 바위들을 제외하면 낙엽에 덮여 있다.(사진 7, 8)

이 큰 바위들이 이 자리에 원래부터 있었던 것이 아닌 것처럼 보인다. 옮겨져 왔을 가능성이 큰 것이다.

(사진 2) (사진 3)

(사진 4) (사진 5) (사진 6)

(사진 7) (사진 8)

가던 방향으로 조금 더 가니 소규모의 많은 바위들이 나타난다.(사진 1)

그런데 바위들이 위에서 아래로 일정한 흐름을 형성 하듯이 놓여있다. 주위가 낙엽에 덮여있어 확연히 구분이 된다.(사진 2, 3)

주위와 비교하여 보면 바위들이 위에서 흘러 왔음을 알 수 있다. 돌무더기를 따라 위로 올라가보았다. 정상 부위가 큰 거북이가 서 있는 형상 등으로 수직으로 반듯하게 다듬어져 있다.(사진 4)

(사진 1) (사진 2)

(사진 3) (사진 4)

이상의 현상들을 종합하여 보면 산을 깎아 내어 그곳을 암벽으로 다듬고, 깎여진 바위를 다듬어 생명을 표현하고, 이것들을 적절한 곳에 옮겼다는 것을 알 수 있다.

이와 관련하여 무등산의 너덜지대를 보자.

바위들의 크기가 크게 차이가 나지 않고 지형이 약간 패어서 바위들이 안정적인 느낌이 들며, 바위의 주변 선이 일정해 보인다. 나무들과의 경계도 확실하고 너덜지대 안에는 식물이 자라지 못한다.

설악산의 증거

외설악은 온통 암벽이다. 권금성에서 바라 본 앞산은 크게 깎여져 있는데 거대한 유인원 같다. 그 모습이 선명하여 이것을 목표로 산을 깎은 것처럼 보인다. 그렇지 않고는 이렇게 선명한 형상이 큰 봉우리 전체를 통하여 표현 될 수는 없을 것이다.

천불동은 온통 암벽인데 특이한 것은 더 높은 곳들은 푸르른 산의 모습인데 한참 아래쪽의 한 줄기 능선부터 암벽이 형성되어 있다는 것이다.(사진 1, 2)

자연적인 풍화라면 전체가 고르게 발생하여야 할 것이다.

깎인 곳에는 생명체가 표현되어 있는데 입이 뾰족한 얼굴 형상에 꺼벙한 듯한 익살스러운 눈이 확연하다.(사진 3)

천불동의 이 같은 모습은 산이 인위적으로 다듬어졌다는 유력한 증거가 될 것이다.

(사진 1)

(사진 2)

(사진 3)

한 곳에 바위가 넓게 드러나 있는데 이곳의 경사가 완만하다. 수천 년의 풍화를 가정한다면 이렇게 완만하게 경사진 곳에 식물이 자라지 않는다는 것은 성립하기 어려운 일일 것이다. 실제 바로 옆에는 식물들이 무성히 자라고 있다.

자연의 시간으로 볼 때 그리 멀지 않은 시대에 이 모습으로 형성되었고, 흙이 위에서 흘러 내려오지 않도록 설계되었음을 짐작할 수 있다. 이 경우는 산이 사람에 의하여 다듬어졌음을 후손에 알리려는 의도가 있지 않았을까 생각된다.

산의 어느 부분은 암벽이 드러나 있지만 다른 부분은 아래에서부터 꼭대기까지 이어지며 나무들이 자라고 있는 곳들이 있다. 자연적으로 이렇게 형성 될 수도 있겠지만 한 가지 특이한 점이 있다. 나무가 죽 이어지는 쪽은 아래에서부터 꼭대기까지 일정한 각도의 경사를 유지하는데 반해 암벽이 있는 쪽은 암벽 근처에 가면 숲의 각도가 현저히 줄어 평지 같이 된다는 것이다.

숲을 깎아 암벽을 형성하면서 암벽 하단에 맞추어 앞쪽을 밀어내어 각도가 줄어든 평평한 곳이 형성되었음을 짐작 할 수 있다.

실제 암벽 위에서 보면 밑에서 일정한 각도로 올라오다가 암벽 부근에서 각도가 급격히 줄어들고 평지처럼 되는 것을 볼 수 있다.

한계령 도로의 아래쪽과 위쪽을 가상으로 이어보면 각도가 잘 맞는 것을 알 수 있다.(사진 1) 이처럼 암벽이 드러난 부분의 위와 아래의 숲을 가상으로 연결해보면 각도가 정확히 들어맞는 곳들이 있다.(사진 2, 3, 4)

자연적으로 이런 모습으로 풍화가 일어 났다기보다 사람에 의한 것처럼 보인다.

(사진 1) (사진 2)

(사진 3) (사진 4)

한계령 부근 산을 조망할 수 있는 도로 주변이 높은 나무들에 의하여 가려져 있다. 그런데 한 곳의 나무들이 집단으로 꺾여 있다. 밑에서 벤 것도 아니고 낫을 사용하지도 않고 윗부분을 꺾는다는 것은 굉장히 어려운 일일 것이다. 옆의 나무들은 그대로이다. 덕분에 필요한 관찰을 할 수가 있었다.

(사진 1)

(사진 2)

인수봉

산을 깎아서 암벽을 만들었는가는 사실 그 산 자체를 보면 가장 잘 알 수 있을 것이다. 워낙 상상하기 힘든 일이라 엄두 자체를 내지 않아서 그렇지 북한산의 인수봉을 위시한 각 봉우리, 도봉산의 선인봉, 만장봉, 화천의 용화산, 설악산 등을 살펴보면 명백하게 깎여있는 모습이다.

인수봉의 경우 암벽을 수직으로 깎아 절벽을 만들었으나 앞의 부분을 밀어내 수평으로 만들지 않고 그것을 살려 매끄럽게 다듬어 놓은 것 같다.

암벽 등반가들이 등반을 시작하는 곳은 산을 파낸 홈의 하단에 해당하는 것이다. 이 경우 사실관계를 증명하기는 어려울 것이다. 설악산처럼 앞을 밀어낸 경우 여러 증거가 남으나 말끔하게 다듬어 놓은 경우 양 산이 원래 하나였는지 증명할 길이 없는 것이다.

깎여진 모습과 다른 곳과 비교를 통하여 추론 할 수 있을 뿐이다. 인수봉 아래의 수많은 거석들과 바위들은 인수봉을 깎을 때 나왔을 것이다.

인수봉에서 잘려져 다듬어진 것으로 추측되는 산 정상에 둥그런 바위가 있다. 올려져 있는지 부착된 바위를 다듬었는지 확실하지 않으나 둥그런 바위 형태가 인상적이다.

인수봉에서 멀지 않은 곳에 물고기 형태로 다듬어진 암벽이 있다. 아래쪽을 보면 수많은 바위들이 보인다. 이 형상을 깎을 때 나온 잔해들일 것이다.

북한산, 도봉산을 전체적으로 보면 바위가 많은 곳은 일부라고 할 수 있다. 더 많은 곳은 나무와 낙엽에 덮여있다. 이렇게 바위가 많은 것은 이유가 있는 것이다.

사패산

도봉산 옆에 있는 사패산은 사람 얼굴 형상으로 다듬어졌다.(사진 1)

사람 상인지 분명하지는 않지만 큰 코와 눈을 가진 사람 상 또는 반인반수의 상이라 할 수 있을 것이다.

정상은 말끔하게 다듬어져 있다. 정상 바닥엔 눈과 입을 통하여 생명상이 새겨져 있다.(사진 2) 정상의 둔덕이 시작되는 곳을 보면 바닥과 벽처럼 솟은 부분이 맞닿는 곳이 패어서 선이 그어져 보이는데(사진 3, 4) 자연스러운 상태라면 패인 곳이 없이 뭉툭하게 맞닿을 것이다.(사진 5) 그리고 선의 시작점을 보면 극히 섬세하여 인위에 의한 것이라는 것을 알 수 있다.

(사진 1)

(사진 2)

(사진 3)

(사진 4)

(사진 5)

도봉산의 계곡

암벽이 다듬어져 있는 곳이다.(사진 1) 좌측 위쪽을 보면 암벽이 세 곳으로 나뉘어 남겨져 있는 것을 볼 수 있다.(사진 2, 3) 맨 우측 부분은 작게 남겨져 있다.(사진 4) 이 높이 아래의 암석은 다듬을 때 잘라내었다는 것을 알 수 있어 암벽들이 다듬어졌다는 것을 잘 보여주고 있다.

(사진 1) (사진 2)
(사진 3) (사진 4)

북한산 도봉산의 다듬어진 여러 모습

7장 북한산은 남성, 도봉산은 여성

7장

북한산은 남성, 도봉산은 여성

앞에서 북한산 도봉산의 여러 봉우리들이 사람 형상이라는 것을 살펴보았다. 남성상, 여성상의 구별도 가능하였다. 여기에서는 북한산 도봉산에 있는 사람 형상의 봉우리들이 성별로 어떻게 구분되는지 살펴보기로 하자.

인수봉의 형상

앞에서 인수봉에 올려진 세 개의 바위 중 두 개의 의미는 알았으나 한 개의 의미는 알지 못하였다. 인수봉 표지판에 등에 아기를 업고 있는 형국이라 하여 이 바위가 올려져 있는 모습을 아기를 업고 있는 것으로 본 것 같다. 그러나 아기를 업었다고 하기에는 너무 작다.

어느 날 우이동에서 인수봉으로 가는 도중 하루재에 서서 바라 본 인수봉의 모습, '아! 코다.' 인수봉은 거대한 남성상이고 올려져 있던 바위는 코 역할을 하는 것이었다.

전체적으로 거대한 남성상이 높은 코를 보이며 좌측을 바라보고 있는 형국이다.

선인봉의 형상

선인봉의 여성상은 모습이 잘 드러나지 않는다. 음양 상, 음에 해당하여 그럴까? 선인봉의 여성상은 우측을 바라보고 있다. 눈 부위에 나무가 자라 진한 속눈썹을 만들고 있다.

인수봉과 선인봉은 서로 바라보고 있다

북한산 도봉산의 봉우리 사람 상을 분류하면 북한산은 남성상이 모여 있음을 알 수 있다.

도봉산에는 여성상이 모여 있다.

앞에서 인수봉의 남성상이 좌측을 바라보고 있다고 했는데 그 쪽은 도봉산이 있는 쪽이다. 선인봉이 바라보고 있는 우측에는 북한산이 있다.

북한산 남성상과 도봉산 여성상이 서로 바라보고 있는 형국인 것이다. 서울 시내에서 바라보면 인수봉과 선인봉이 서로 바라보고 있는 모습을 확인 할 수 있다. 선인봉의 여성상은 멀리에서 보아야 상이 드러난다. 가까이 가면 여성상은 사라지고 바위만 남는다.

사람이란 남녀가 서로를 존중하며 함께 살아가는 존재임을 보여주고 있는 것 같다.

여성을 상징하는 도봉산에 최대 크기의 고인돌들이 집중 배치 된 것은 여성에게 강한 힘이 실리는 것을 의미 하는 것은 아닐까? 이때의 힘은 물론 남녀가 함께할 때의 힘일 것이다.

8장
전국 산에 펼쳐져 있는 고인돌

8장
전국 산에 펼쳐져 있는 고인돌

서울 관악산 연주대는 고인돌이다

관악산 봉우리 곳곳에 생명상이 조성되어 있다. 그런데 하나같이 입을 벌리고 있는 모습이다. 각 산마다 특징이 있는데 이런 모습은 관악산만의 특징적인 모습이라 할 수 있다.

연주대 전망대에서 바라보면 연주대와 앞의 봉우리를 합하여 하나의 생명상 형태를 이루고 있음을 알 수 있다. 왼편이 머리, 우측이 꼬리 쪽이다.(사진 1)

그런데 머리 부분에 올려져 있는 바위는 무엇일까? 뿔이라고 하기에는 뭔가 어색하다.

머리 부분인 연주대 앞 봉우리는 완전한 바위산이다. 거기에 큰 바위 하나가 덩그러니 놓여있다.(사진 2, 3)

관악산이라 새기기 위하여 옮겨 놓은 것은 아닐 것인데 광장 같은 곳에

(사진 1)

(사진 2)

유일한 바위가 인상적이다.

다음 날 다른 곳에서 연주대와 앞 봉우리의 모습을 바라보았다. 그런데 생명상의 머리 부분을 보면 입을 벌리고 있는 모습이다. 앞에서 보았던 관악산의 특징적인 모습이 그대로 나타나고 있는 것이다. 그런데 자세히 보니 입이 벌어져 보이는 것이 유일하게 존재하던 그 바위 때문이 아닌가!

실로 놀라운 일이다. 다른 곳에서는 숲을 남겨 이것으로 입이 벌어져 보이도록 하였는데 숲이 없는 이곳에는 큰 바위 하나를 올려놓아 입이 벌어진 상을 만들고 있는 것이다.

이제 연주대만 보기로 하자. 좌측 머리 부분을 보면 하늘을 향하여 부리를 크게 벌리고 있는 것을 확인 할 수 있다.(사진 1, 2)

크게 앞 봉우리와 함께 하나의 생명상을 형성하고 그 안에 다시 생명상이 형성된 모습이다.

입구 쪽에서 보면 벽처럼 반듯하게 되어 있는데 전체적으로 바위들이 쌓여져 조성된 것처럼 되어 있는 것을 볼 수 있다.(사진 3) 큰 동물이 고개를 왼쪽으로 돌리고 있는 모습처럼 보인다. 연주대는 고인돌인 것이다.

(사진 1)

(사진 2)

(사진 3)

연주대에서 조금 떨어진 곳에 연주대처럼 다듬어진 바위가 있다.(사진 1) 다른 쪽에서 보면 다듬어진 바위 모습이 연주대의 옆면과 비슷하다.(사진 2) 이런 식으로 연주대를 다듬었음을 알 수 있게 해 준다. 비슷한 형상이 화천의 용화산에도 있다.(사진 3)

(사진 1)

(사진 2)

(사진 3)

연주대 오르는 길에 있는 바위에 잘린 흔적과 선사시대의 표시가 선명하다.(사진 1, 2) 연주대 바로 앞에도 선사시대 표시가 있다.(사진 3) 사당역에서 오르는 곳에도 표시가 있다.(사진 4)

관악산의 많은 바위로 된 상들이 고인돌이라는 또 다른 증거이다.

(사진 1) (사진 2)

(사진 3) (사진 4)

산을 내려가는데 돌이 세워져 있다. 길에 있는 바위 위에 세워져 있어 사람 눈에 금방 띄는 곳이다. 그런데 내 앞의 몇 사람이 그냥 지나쳐 간다. 길 가운데 있는 바위이므로 보지 못하기도 어려울 것이다.

일요일이라 금방 등산객이 또 올 것이므로 급히 사진을 찍었다. 조금 있으니 여자 분 몇 명이 내려오기에 비껴 섰다. 서로 하는 말. "야! 신기하다. 돌이 서 있네." 하자 다른 사람이 "본드로 붙였나 떼어봐." 한다. 조금 있다가 들리는 말. "서 있기 힘들 텐데 눕혀놓고 가자. 깔깔깔." 하며 웃으며 내려간다.

다시 세우려다 안 되니 그냥 두고 간 것이다. 나도 몇 번 세워보려 하였으나 잘 되지 않았다.

그런데 옆에도 바위가 서 있다.(사진 1) 앞의 돌처럼 세우기 어렵지는 않겠으나 작지 않아 성인 두 사람이 힘들게 들어야 할 것 같다. 거기에서 보이는 삼각형 바위에 올려져 있는 작은 돌.(사진 2)

이제는 돌만 올려져 있으면 가보게 된다. 가서 주위를 둘러보니 개구리 뒷다리를 빼닮은 바위와 거기에 걸맞는 몸통바위가 있다. 개구리 형상의 바위이다.(사진 3) 그런데 가까이 가서 보니 생생해 보였던 뒷다리가 붙어 있는 바위가 아니다.(사진 4)

내려가다 계곡에서 새처럼 보이는 생명상을 발견하였는데(사진 5)

몇 발 더 내려가자 앞의 개구리 상처럼 되어 버린다.(사진 6)

(사진 1)

(사진 2)

(사진 3)

(사진 4)

(사진 5)

(사진 6)

그런데 옆으로 흐르는 물은 왜 이렇게 흙탕물일까? 산의 백미 중의 하나는 계곡이다. 자연스러운 바위와 어울리는 깨끗한 물은 기분을 상쾌하게 하는 청량제이다. 지금 관악산 계곡이 수로로 변하고 있다.

비 올 때 물만 흘려보내면 되는 것이 수로 아닌가. 계곡에 있던 무수한 고인돌들도 사라지고 있다. 한민족의 심성이 거칠어지고 있는 것일까? 지성의 전당인 서울대학교가 바로 옆에 있어도 다를 게 없다. 지성이 아니라 지식이어서 일까.

이제 몇 가지 관악산의 특징적인 고인돌을 보기로 하자.

산줄기가 생명 형상으로 다듬어졌다. 눈이 뚜렷하다.

건강하기 위해서는 배설이 잘 되어야 한다. 앞모습을 보고 잘 된 배설이라 생각했는데 옆모습을 보니 웃고 있는 생명상이다. 이런 실례를…….

뒷부분을 고리처럼 아래 바위에 걸고 있다.

뒷모습을 보이며 메롱 하듯
혀를 내밀고 있다.

주먹을 불끈 쥐고 있다.
왼손처럼 보인다.

살아 있는 해태상의 모습으로 날카로운 눈을 하고 우측을 돌아다보고 있다.

바위 뒤에 숨어 있다가 갑자기 나타나 바위에 앞발을 딛고 서 있는 곰의 형상이다.

아름다운 계곡을 이루고 있는 고인돌이다.

고인돌은 그 자리에 있을 때 가장 아름답다.

이런 형태도 돌탑이라 해야 할까? 붉은 빛이 도는 돌을 쌓아 몸을 만들고 머리는 검은 색의 돌을 사용하여 생명상을 만들었다. 이 글의 주제에 어울리는 기발한 모습이다.

다양한 형상의 고인돌

북악산이 미소 지으며 서울을 내려다보고 있다

인왕산에서 맞은편 북악산을 세밀히 살펴보아도 깎은 듯한 바위들만 보일 뿐 돌출된 것이 없고, 북악산 성곽을 돌아보아도 특징적인 것이 없어, 북악산은 바위들을 매끈하게 다듬기만 하였고 독립된 바위로 된 고인돌은 없는 것인가 생각하였다.

그러다 버스를 타고 가는 중에 특징적인 바위가 보여 다음 정류장에 내렸다. 어디론가 날아가는 듯한 형상이다.(사진 1) 이 바위를 찍다가 발견한 바위 위에 올려져 있는 바위, 분명한 고인돌일 것이다.(사진 2) 멀리서 봐도 저렇게 보일 정도면 굉장히 커다란 바위들일 것이다.

(사진 1)

(사진 2)

북악산을 수없이 관찰하였는데 보이지 않다가 예상치 못한 곳에서 갑자기 나타난 북악의 미소. “서울 시민 여러분 그리고 온 국민 여러분 안녕하세요?” 인사 하는 듯하다.

나중에 보는 눈이 더 트인 후 보게 된 모습, 북악산 전체가 하나의 생명상을 이루고 있다. 좌측을 머리로 나머지를 몸으로 삼아 바위들을 다듬었다.

부산의 고인돌

김해의 결혼식에 참석하게 되었다. 고인돌과 관련하여 옛 도시인 경주와 부여에 가보려고 계획하고 있었으므로 결혼식에 참석 후 경주를 들러오기로 하고 김해로 향하였다. 결혼식이 끝나고 결혼식에 참석한 일행들이 부산으로 가게 되었다.

다음 날 부산의 지인이 아침을 대접하겠다 하여 따라나섰다. 식사를 한 곳은 금강공원 앞 식당, 그런데 앞산이 금정산이라 하고 케이블카를 운행하고 있는 것이 보인다. 일행의 양해를 구하고 케이블카 표를 끊기 전에 잠시 둘러보는데 보이는 표시(사진 1), 내려와서 발견한 표시이다.(사진 2)

(사진 1)

(사진 2)

케이블카를 타고 오르니 종점 부근에 나타나기 시작하는 부착되지 않은 바위들. 모습이 둥글둥글 하기도 하고 매끈한 것이 다듬어진 흔적이 멀리에서도 뚜렷하다.

북한산, 도봉산에서 보았던 고인돌들과 비슷한 바위들이 무더기로 모여 있다. 모두 다른 데서 운반되어 온 것 같다. 원래의 지형에서 풍화로 생성되기 어려운 모습이다. 모두 다듬어지고 매끄럽다. 갖가지 생명 형상들이 전형적인 고인돌임을 보여준다.

가대한 공룡같은 형상이다.

생명 형상을 하고 올려져 있는 바위들이다.

깎이거나 잘려져 있는 바위들.

다양한 형상의 고인돌.

많은 등산객들이 다니지만 모두 무심할 뿐이다. 그렇게 보인다. 그러나 그렇지 않을 것이다. 자세히 바위들을 보지는 않지만 어떤 느낌을 가질 것이고, 그래서 산을 더 찾게 될 것이다. 이 바위들이 고인돌임을 안다면 그리고 이것이 사람의 정신적인 능력에 의한 것임을 안다면 또 다른 태도로 산에 임하게 되지 않을까.

부산의 산에도 고인돌이 있으리라 크게 기대하진 않았었다. 서울의 산에 고인돌이 있지만 다른 곳에도 산중 고인돌이 있으리라는 생각이 들지 않는 것이다.

우리나라의 특별한 명산이 아닌 금정산에 고인돌이 있다니! 원래 계획은 설악산, 속리산, 계룡산 등 명산과 경주, 부여 그리고 지상 고인돌이 집중 분포한 강화, 고창, 화순을 돌아보려고 하였는데 금정산에서 고인돌이 발견됨에 따라 계획을 수정하였다.

경주, 부여는 고인돌 후대의 도시이므로 이보다 각 도의 대도시 부근 산을 하나씩 가보기로 하였다. 가봐야 할 곳이 늘어난 것이다. 예정에 없던 부산에 가게 되어 금정산에서 고인돌을 발견하게 되고 각 도의 대도시 부근의 산을 가보는 것으로 계획을 수정하는 과정을 살펴보면, 이는 나의 의지만은 아닌 것 같다.

시간상 금정산의 일부만을 살펴보았다. 다른 곳에도 고인돌이 많이 있을 것 같은데 아쉬움이 남는다.

화천 용화산의 고인돌

산행 안내 책자에서 용화산이 암벽으로 이루어졌다는 것을 보고 찾게 되었다. 용화산은 전체적으로 하나의 생명상으로 다듬어졌다. 왼쪽 머리 부분의 검은 점이 눈 역할을 하고 있다.

마을에서 올라가며 계곡을 보면 선인들이 멋있게 꾸미려 하신 것을 알 수 있다. 선사시대 표시도 보인다.

이 계곡 반대편까지 도로가 개설되어 있은데 작은 이익을 얻기 위하여 선인이 조성한 훌륭한 계곡을 파괴하여서는 안 될 것이다.

굉장한 암벽이다. 이곳에 이런 암벽을 조성하신 이유가 무엇일까? 정상에서 빙 둘러 보니 푸른 산만이 온통 둘러싸고 있다. 그 한가운데 깎아지른 암벽산이 자리 잡고 있는 것이다. 완전한 육산으로 둘러싸인 곳에 암벽산을 위치하게 함으로써 전체적으로 육산에 바위가 조화롭게 섞인 느낌이 든다.

용화산이 바위산으로 변신한 것에 대한 나름대로의 해석이다.

암벽에는 여러 가지 생명상이 새겨져 있다. 눈을 새긴 얼굴 형상(사진 1), 서 있는 사람 형상(사진 2),

하늘을 향하고 있는 큰 새 또는 고래 형상.(사진 3)

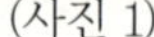
(사진 1)

(사진 2)

(사진 3)

위에서 깎아지른 절벽 밑을 고개만 쑥 내밀고 내려다보니 아래에 큰 고인돌이 보인다. 사진을 찍고 내려가는 길에 찾아보기로 하였다.

큰 암벽 봉우리를 우회하기 위해 등산로를 따라 내려가다 등산로를 벗어나 산을 헤집으며 암벽 밑으로 향하였다. 도중 발견한 작은 봉우리를 깎아 조성한 개 형상의 생명상. 왼쪽이 머리 부분이고 우측이 꼬리 부분이다.

이 곳은 등산로가 아닐뿐더러 숲이 우거지고 험하여 사람이 다니지 않는 곳인데 작은 바위 위에 고인돌 형상의 돌을 작은 돌이 고이고 있다.

등산로를 따라 많이 내려간 것 같지 않은데 각도가 크게 다른 방향이었는지 골과 능선을 몇 개를 건너서야 겨우 암벽 밑에 다다를 수 있었다. 곧 어두워질 텐데 마음이 조급하다.

그런데 거대하여 금방 찾을 줄 알았던 고인돌이 보이지 않는다. 왔다 갔다 하며 찾아도 찾을 수가 없다. 위에서 보는 것과 아래에서 보는 것이 이렇게 다른가? 하는 수 없이 나중을 기약하며 산을 내려간다.

내려가다가 돌탑을 만났다. 숲이 가려 포클레인이 올라 올 수 없는 곳이다. 사람의 힘만으로 쉽게 움직일 수 없는 크기의 바위가 어떻게 이곳에 쌓여 있을까?

여러 형상의 고인돌을 보자.

암벽에 두 생명상이 가까이 새겨져 있다.

다른 곳에 있는 비슷한 형상, 크기가 크다.

새 형상의 고인돌이 바위 위에 올려져 있다.

다양한 형상의 고인돌.

강화도의 고인돌

1. 마니산 고인돌

마니산 입구에 바위가 있는데 고인돌임을 금방 알 수 있다.

산 입구에 선사시대의 표시가 있다.

마니산에도 산중 고인돌이 많이 있다. 대부분 부착되어 있지 않은, 어디에선가 옮겨져 온 것들이다. 전형적인 채석된 모습과 군데군데에 무더기로 쌓여 있는 모습은 채석되어 운반되어 온 것임을 선명하게 보여준다. 주변을 보면 원래 바위가 없는 지형임을 알 수 있다.

산마다 고인돌의 특징이 있는데 마니산의 고인돌은 잘려져 조성된 것이 많다. 분리되어 하나의 생명상을 이룬 것들을 50여 개 넘게 헤아리다가 그만두었다.

다른 곳들은 몇 군데 시범적으로 이런 것도 있다는 정도만 표현하고 있는데, 마니산은 관악산의 입 벌린 고인돌처럼 특화하여 보여주는 것 같다. 목적은 오로지 후손에 무엇인가 전하려는 것이 아닐까?

다양한 잘려진 형상.

다양한 형상.

2. 강화, 고인돌을 끌어서 쌓을 수 없다

오상 고인돌에 가보니 야산에 여러 기의 고인돌이 모여 있는 모습이 보기 좋다. 대부분 규모가 크다. 모두 생명을 표현하고 있으며 눈들이 선명하게 느껴진다.

강화 고인돌 공원 박물관에 고인돌 축조 과정이 모형으로 게시되어 있는데 밧줄로 바위를 묶어 여러 사람이 당겨서 운반하고 흙을 쌓아 상석을 끌어 올린 후 흙을 제거하여 쌓은 것으로 되어있다.

이런 식 말고는 쌓을 방법이 없을 거라고 여겨지기 때문에 이렇게 쌓았을 거라고 결론을 내린 듯하다. 그러나 이런 식으로 끌어서 고인돌을 쌓을 수 없을 것이다.

첫째, 오상 고인돌만 봐도 야산에 여러 기가 밀집 되어 있다. 여러 사람이 줄을 이용해 작업 할 공간이 없다. 화순의 고인돌은 형식은 다르지만 규모는 더 큰 것이 많은데 수많은 고인돌들이 밀착하듯이 모여 있는 곳들이 있다. 끌어서 운반하기에는 공간이 없는 것이다.

둘째, 강화 고인돌의 상석은 고임돌보다 훨씬 크다. 약한 고임돌 2개가 주변을 흙으로 쌓았다 하여 엄청난 무게의 상석을 끌어서 당길 때 쓰러지지 않고 견딜 가능성은 거의 없을 것 같다.

셋째, 끌어서 올렸다 하더라도 균형을 맞추기가 난망할 것이다. 약한 고임돌이 무거운 상석을 이고 무너지지 않으려면 균형이 완벽하게 맞아야 할 것이다.

완벽하게 균형이 맞지 않으면 오랜 세월을 견뎌내기 어려울 것이다. 끌어서 균형을 맞출 때 고임돌이 강력하고 상석이 가벼우면 이리저리 균형을 맞추어 볼 수 있겠지만 고임돌은 약하고 상석은 굉장히 큰 강화 고인돌의 경우 상상하기 어려운 일이다.

균형이 맞지 않은 상태에서 흙을 파내다가 상석이 무너지면 이때 밑에서 일하던 사람들은 깔리게 될 것이다. 강화 고인돌은 특히 상석이 한쪽으로 치우치듯 나와 있는데 그 상태가 균형이 맞는다는 것을 어떻게 알 수 있었는지도 의문이다. 완전한 균형 감각을 가지고 가볍게 올려졌을 때에만 약한 고임돌이 무거운 상석을 견뎌낼 수 있을 것이다.

이상을 종합해 보면 끌어서 고인돌을 축조 하였다는 것은 가능하지 않다는 것을 알 수 있다.

화순의 고인돌

1. 화순의 고인돌은 산중 고인돌이다.

화순의 고인돌은 두 개의 고임돌에 상석을 올린 형식의 고인돌은 없고 몇 개의 돌을 고이고 올려놓거나 그냥 땅에 배치되어 있다. 고인돌에 쓰인 채석장이 발견되어 고인돌의 축조 과정을 알 수 있다고 한다. TV에서 고창 고인돌도 뒷산에서 캐내어 조성한 것을 암석 비교를 통해 확인하는 것을 보았다.

고창 고인돌의 경우 나중엔 채석된 바위들이 땅위에 드러나 있지 않고 땅속에서 캐내듯이 채석된 것 같다. 겉으로 보아서는 어디에서 채석하였는지 알 수 없는 것이다. 화순의 경우 고인돌이 채석된 곳이 드러나 있어 이를 채석장이라 부르고 있는 것이다.

그러나 산중 고인돌의 개념을 적용하여보면 채석장이라 여겨지던 곳도 사실은 고인돌이다. 여기에 다양한 생명들이 새겨져 있고 이 과정에서 캐어져 나온 돌들에 다시 생명상을 새겨 기슭에 진열하여 놓은 것이다.

채석장이라 불리는 곳에 새겨진 고인돌을 보자.

거대한 곰 같기도 하고 공룡 같기도 한 형상이 이쪽을 내다보고 있는 듯하다.

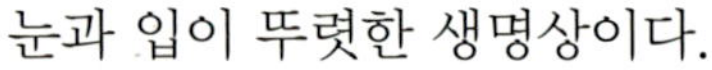
눈과 입이 뚜렷한 생명상이다.

네모지게 다듬어진 바위들이 쌓여 하나의 생명체 상을 형성하고 있다. 왼쪽이 머리 부분에 해당한다.

아기공룡처럼 다듬은 바위가 비슷하게 다듬어진 바위 위에 올려져 있다. 둘 다 눈이 뚜렷하며 높은 곳에서 어딘가를 하염없이 바라보고 있다.

감투바위라 불리는 곳이다. 이렇게 올려져 있는 형태는 산중 고인돌의 전형적인 모습 중의 하나이다. 또한 옆에 기대듯이 서 있는 바위도 인왕산에서 많이 보았듯이 전형적인 모습이다.

반듯하게 깎여진 바위들이 네모 형상을 하고 쌓여있다. 맨 왼쪽 바위에 눈이 보인다.(사진 1) 그 안에 있는 또 하나의 생명상.(사진 2)

(사진 1)

(사진 2)

암벽 정상 부위가 평평하고 넓게 다듬어졌다.

암벽위에 동물 형상이 올려져 있다.

얇고 넓게 네모 형태로 바위가 다듬어져 있다.

채석장이라 불리던 곳의 명칭이 바뀌어야 할 것이다. 채석장이기 이전에 그 자체가 고인돌이기 때문이다.

2. 산중 고인돌의 모든 형태를 보여준다.

화순의 고인돌은 채석장이라 불리던 곳과 기존의 고인돌을 통하여 산중 고인돌의 모든 형태를 보여준다고 할 수 있다. 앞에서 채석장이라 불리던 곳에 있는 고인돌을 보았으므로 기존의 고인돌을 보기로 하자.

핑매바위 고인돌이다.

기존의 고인돌 중 가장 크다는 자리를 놓고 1~2위를 다투고 있다. 생명 형상으로 다듬어져 있고 눈도 표시되어 있음을 볼 수 있다.

다양한 고인돌 들이다. 모두 생명상임을 알 수 있다.

산중 고인돌이 가까운 곳에 또 조성되지 않았을까?

고인돌 공원을 벗어나 조금 가면 두 개의 산이 나온다. 용암산과 예성산이다. 용암산은 바위를 크게 깎아 두 눈을 삼았다. 예성산은 암벽이 머리 모양이다. 제대로 보려면 가까이 가 산행을 하여야 하지만 시간이 없다.

(용암산) (예성산)

적벽이라 이름 지어진 곳이 몇 군데에 나뉘어져 있는데 그 중 한 곳의 모습이다. 여러 사람의 모습이 나타나 있다.

밭에 있는 고인돌이다. 엎드려 있는 자세로 눈과 입이 뚜렷하다. 이쪽을 보고 있는 듯하다.

길 옆의 절개지이다. 원래 산의 끝자락과 강물이 맞닿아 있었는데 길을 내기 위하여 산을 깎은 것 같다. 두 생명상이 뚜렷하다.

고인돌 공원에 돌탑이 있다. 상석이 고인돌처럼 형상과 눈을 갖추었다.

작은 수로에 바위를 쌓아 작은 폭포를 형성 하였다.

3. 축대 고인돌

화순읍에는 조그마한 남산이 있다. 말 그대로 남쪽에 있어서 남산이다. 그곳에 축대가 쌓여져 있는데 돌들이 매끈하다. 살펴보니 눈이 보이는 것이 아닌가. 다른 것을 보아도 모두 눈이 있다. 크거나 형상을 갖추지는 않았지만 눈이 있는 것이 전형적인 고인돌이다.

사진을 찍어 나가는데 매끄럽게 다듬은 바위에 찍혀 있는 표시! 선사시대의 표시가 아닌가.

축대 고인돌과 주변 바위의 다양한 형상

축대 바위 중 하나가 빠져 있다. 바닥이 반듯하게 잘려져 있다는 것을 보여주려는 듯하다.

고인돌은 삶의 일부가 아니었을까?

설악산, 속리산, 용화산 등 거의 모든 산의 등산로 바닥에 고인돌이 깔려 있다. 고인돌의 의미를 확대하여야 하지 않을까 한다.

4. 고인돌은 무덤이 아니다.

고인돌은 지금까지 알려져 왔던 지상 고인돌만이 아니다. 산중과 우리 주변에 다양한 형태로 수많은 고인돌이 있다. 산중 고인돌이 원형이라 할 때 고인돌은 무덤이 아니다. 나중에 일부 무덤으로 쓰였다면 그것은 고인돌을 차용한 하나의 무덤 양식이 될 것이다.

즉 고인돌 식 무덤이 되는 것이다. 무덤 양식으로 쓰인 곳이 있다 하여 전체를 무덤이라 하는 것은 산에 무덤이 있으니 그 산은 무덤이다 하는 것과 같다. 지금까지 '고인돌은 무덤이며, 끌어서 쌓았다.' 라는 단순한 생각을 갖게 하여 거석문화로서의 신비가 거의 사라지게 되었는데 이를 바로 잡아야 할 것이다.

육산으로 보이는 곳에도 고인돌이 있을까?

1. 모악산

전주 근처의 명산이 모악산이라고 한다.

전주에 도착하여 모악산으로 향하는데 약간의 갈등이 있다. 모악산은 금산사에 몇 년 전 가본 적이 있는데 숲이 우거진 완전한 육산으로 보였기 때문이다.

전주 가까운 곳에 대둔산, 내장산 등이 있는데 바위가 없는 육산에 가야 하는가 하는 생각이 들었다. 그러나 한편으로는 육산으로 보이는 곳에도 고인돌이 있을까 하는 호기심도 들었다.

모악산에 다다르니 입구의 계곡은 이미 파괴되어 계곡의 느낌이 없다. 도심은 어쩔 수 없는 부분이 있다 하더라도 산의 계곡까지 그대로 유지하지 않는 이유는 무엇일까? 홍수를 이유로 들지만 한 치의 땅이라도 확보하기 위하여 계곡을 메워 놓으니 바위들을 들어내지 않을 수 없게 된 것이 아닌가?

입구에 바위들이 있어 가보니 선사시대의 표시들이 보인다.

계곡에 돌탑이 있는데 고인돌처럼 눈이 뚜렷하다.

암벽을 파내어 생명상을 만들었다.

정상 부근에 있는 멧돼지 형상의 거대한 고인돌이다.

미소를 짓고 있는 동물 형상의 고인돌이다. 귀가 크고 선명하다. 귀는 바위를 올려놓아 조성한 듯하다.

하나의 바위를 윗부분 절반 정도만 생명상으로 다듬었다.

다양한 형태의 고인돌

2. 이천의 고인돌

이천의 국도를 차로 오래 달려도 큰 바위를 보기 어렵다. 그러다 발견한 바위들, 고인돌이 분명해 보인다.(사진 1, 2)

마을 안쪽으로 들어가 보니 낮은 야산에 생명상이 새겨져 있다.(사진 3, 4) 여기에서 채석한 바위로 앞의 상을 만들었을 것으로 추측할 수 있다. 화순의 산중 고인돌과 같은 방식이다. 이는 또한 모든 산중 고인돌의 공통된 방식이라 할 수 있을 것이다.

(사진 1)　(사진 2)

(사진 3)　(사진 4)

3. 공주 구절산

공주에 있는 평범한 산이다. 산 일부를 차지하며 바위가 노출되어 있어 이런 평범한 산은 어떨까 하는 조사원의 마음으로 답사하게 되었다.

고인돌과 거의 관련이 없어 보이는 평범한 산인데 채석되어 다듬어진 듯한 바위들이 한곳에 모여 있고 어떤 바위는 다른 바위 위에 올려져 있다.

멀리에서 노출되어 있는 바위를 살펴보니 차츰 얼굴 형상이 드러난다. 처음엔 미약하였으나 점점 사람 얼굴 형상이 확실해진다.

광주 무등산 서석대 입석대가 주상절리일까?

무등산 중봉에 올라서면 또 다른 산이 저 멀리 나타난다. 중봉과의 사이는 평지처럼 되어있고 수백 미터의 시야가 탁 트여 있다. 특이한 산세이다. 산 위의 산이라고 할까!

정상을 이루는 산줄기는 정상에서 우측으로 완만한 선을 그리며 천천히 낮아진다. 그 길이가 무척 길어 전체적으로 웅장하고 후덕한 느낌이 든다.

서석대도 하나의 생명체 형상으로 다듬어졌는데 다가가니 눈이 보인다.

서석대에 다달아 눈의 역할을 한 것을 찾아보니 주상절리라고 설명되어 있듯이 다면체를 이루며 길게 늘어서 있는 바위 중에 윗부분만 남고 아래 부분은 없어진 것이 있다. 두 군데의 밑 부분이 패어 눈 역할을 한 것이다.

가까이에서 보니 두 눈과 코가 뚜렷한 생명상이다. 그런데 특이한 것은 양 눈 사이 아래 코 역할을 하는 바위가 가운데에 있다는 것이다.

주상절리라면 다면 형태의 바위가 꼭대기에서부터 아래까지 일정하게 이어져야 하는데 바위 사이 중간에 다른 바위가 있는 것이다.

서석대가 주상절리가 아니라는 유력한 증거이다. 더구나 그것이 코와 눈을 형성하고 있다. 자연적으로 이렇게 될 수는 없을 것이다. 서석대는 고인돌인 것이다.

서석대 옆의 다면체로 매끄럽게 다듬어져 높이 솟아 있는 바위들은 다른 산에서는 볼 수 없는 특이한 것이다. 산마다 고인돌의 특징이 있는데 무등산은 다면체로 다듬어진 바위들이 연이어 있는 것이 특징이다.

자연적이 아니라 사람이 다듬었다 하더라도 바위를 이렇게 다듬을 수 있는지 신기할 따름이다.

입석대를 보자.

주상절리일까? 주상절리는 화산의 폭발로 형성 된다고 한다. 그런데 입석대 서석대를 보면 봉우리의 한쪽 면에만 바위들이 있다. 화산폭발로 형성되었다면 봉우리 전체가 비슷한 형상이어야 할 것이다. 그런데 무등산은 한쪽 면에만 바위들이 기대듯 서 있는 것이다.

서석대 옆의 서 있는 바위들도 같은 형국이다.

이 바위는 다면체의 모습으로 홀로 우뚝 서 있다.

무등산의 바위들은 곳곳에 군집을 이루고 있는데 이 역시 화산폭발로 형성되는 주상절리와는 다른 모습이다.

고인돌이라면 생명체 형상이 표현되어 있을 것이다.

서석대는 보았으므로 입석대를 보자. 사람 얼굴상이 보인다.

그 옆에 있는 바위는 입석대의 사람상이 잠시 쉬는 의자 일까?

이제 다양한 형태의 고인돌을 보기로 하자.

마치 병풍을 펼쳐 놓은 듯하다.

사람 얼굴상이다.

바위의 윗부분에만 생명상이 조성되어 있다.

잘리거나 다듬어진 바위들이다.

아슬아슬한 모습들.

돌탑들이다.

기타 다양한 형상들

지리산 계곡의 물을 이용한 고인돌

지리산은 산세가 웅장하며 산맥의 흐름이 분명하여 그 맥을 따라 기운이 넘치는 듯하다. 산이 큰 만큼 계곡의 수도 많고 수량도 풍부하여 무척 아름답다. 앞에서 육산으로 보이는 곳에도 안에 들어가 보면 고인돌들이 있음을 보았다.

지리산은 명산으로 더욱 그럴 것인데 산이 너무 커 조사하려면 많은 시간이 필요할 것이다. 여러 산을 다녀야하므로 어설프게 조사하는 것보다 화엄사 계곡과 뱀사골 계곡 두 곳만을 답사하기로 하였다.

계곡 바위의 물속에 하얀 선이 있어 살펴보니 물 밖의 바위에도 하얀 색이 구별되어 그림이 되고 있다. 전체적으로 인어 형상이 되었다.(사진 1)
바로 앞에는 물과 바위가 만나 하나의 생명상을 이루고 있다.(사진 2)
하나는 흰색의 그림이요 하나는 물이 그린 그림이다. 두 상이 어울려 원을 그리며 춤을 추는 듯하다. 내려 올 때 다시 보니 인어 형상의 그림 앞에 또 하나의 머리 형상이 보인다. 이번엔 전체적으로 용의 형상이다.(사진 3) 하나의 생명상 안에 또 다른 생명상이 있는 고인돌의 전형적인 모습 중의 하나이다. 바위가 어떻게 흰색으로 변할 수 있는지 알 수 없는 현상이다.

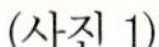
(사진 1)

(사진2)

(사진 3)

다른 곳에서도 바위가 흰색으로 변하여 그림을 그리고 있다. 흰 선이 바위 위에서부터 물속으로 이어지고 물속에서는 뱀 형상이 되어 입을 벌리고 있다.

물을 이용하여 큰 눈을 만들고 바위를 다듬어 코 모양을 만들었으며 계곡물 전체를 입으로 삼았다.

물을 이용한 여러 가지 눈이다.

기타 눈 형상이다.

선사시대의 표시이다.

말 그대로 표시일까.

홈이 가운데에만 있다.

큰 곰이 좁은 곳에 서 있는 묘기를 부리는 것 같다. 뒷모습을 보이며 고개를 아래 왼쪽으로 돌려 뒤돌아보는 듯하다. 하나의 바위 형상이 참 특이하다 싶었는데 다가가보니 앞뒤 두 바위의 합작품이다. 그야말로 묘한 일이 아닐 수 없다.

(뒷바위)

(앞바위)

전망대로 쓰이고 있는 거대바위이다.
눈이 뚜렷한 생명상이다.

눈과 주둥이가 늑대상 같다.
하얀 물줄기가 날카로운 이빨을
드러낸 것처럼 보인다.

각진 얼굴의 생명상이다. 바위에 구멍을 뚫어 입을 만들고 있다.

아름답게 꾸며진 계곡이다.

다양한 생명상.

대구 팔공산

1. 갓바위는 고인돌이다.

팔공산하면 갓바위인 줄 알았는데 막상 와보니 팔공산은 무척 큰 산이다. 갓바위 오르는 길도 험하지 않을 것이라 예상하였는데 2km 정도 오르는 내내 계단이다. 이렇게 험한 곳에 있는 갓바위가 어떻게 이렇게 인기가 있을 수 있을까?

오르는 길 양 옆으로 갓바위에 도착할 때까지 온통 바위들이 늘어 서 있다. 대다수가 부착되어 있는 바위가 아니다.

많은 바위들이 눈을 갖추고 있다.모두 옮겨온 고인돌처럼 보인다.

길에서 조금 떨어진 곳을 보면 바위가 별로 없다.

일요일이라 등산객이 무척 많다. 오르는 중에 발견한 서 있는 돌, 사진을 찍으니 사람들이 신기해한다. 무감각한 나도 조금씩 어떤 의미가 있나 하고 생각하게 된다.

갓바위의 위용이다.

갓바위 주변에 많은 생명상이 보인다. 먼저 갓의 역할을 하는 바위를 보자. 날아가는 새의 형상이고 강화 고인돌처럼 방향에 따라 몇 개의 눈이 새겨져 있는 것처럼 보인다.

갓바위 뒤에 병풍처럼 서 있는 바위를 보면 확실한 눈이 보인다. 자세히 살펴 볼 수는 없었지만 밑 부분도 분리되어 있는 것처럼 보인다. 하나의 생명상임을 알 수 있다.

이 바위는 앉은 자세로 좌측을 돌아보고 있는 개 형상처럼 보인다. 무엇을 지키고 있는 것일까?

(우연일까. 불전함이 앞에 있다.)

기타 생명상들이다.

주변의 생명상들은 갓바위가 고인돌임을 알 수 있게 해준다. 그런데 많은 사람들이 갓바위를 석가모니상이라 생각하며 열심히 기원을 한다.

갓바위가 도인의 모습이라 할 때 석가모니도 도인이니 틀린 것은 아닐 것이다. 그러나 기원보다 수행을 하는 것이 부처님 본래의 뜻이 아닐까?

2. 다양한 고인돌

먼저 바위 위에 올려져 있는 새 형상의 고인돌을 보자. 앞에서 보았던 용화산의 것과 거의 유사한 모습이다. 자연적으로 이런 일이 있을 수는 없을 것이다.

(팔공산)

(용화산)

생명 형상으로 다듬어진 산의 모습이다.
우측에 사람 형상이 뚜렷하다.

바위에 여러 개의 선이 그어져 사람 형상을 만들고 있다.
어디까지가 원래 바위이고 어디까지가 조합된 것일까?

평평하게 다듬어진 생명상이다. 눈과 입이 뚜렷하다.

바위를 크게 다듬어 생명상을 만들었다.

여러 개의 바위를 쌓아 생명상을 만들었다.

잘려져 있거나 얇게 다듬어진 바위들이다.

선사시대의 표시이다.

다양한 형상의 고인돌.

속리산의 고인돌

1. 법주사의 고인돌

법주사의 한편에 커다란 바위가 있다.(사진 1)

언젠가 법주사에 와서 이 바위를 보고 깜짝 놀랐던 기억이 난다. 크기의 개념이 별로 없을 때지만 지금 와서 보니 독립되어 있는 바위의 크기가 너무 컸기 때문이었을 것이다. 우측의 바위도 굉장한 크기이다.(사진 2)

(사진 1)

(사진 2)

좌측의 바위를 밑에서 보니 생명상이 나타난다.(사진 1)

아래쪽에 이 바위를 고이고 있는 바위가 보인다. 반대쪽에서 봐도 생명상이 나타난다.(사진 2) 위쪽에도 생명상이 있다.(사진 3)

(사진 1)

(사진 2)

(사진 3)

우측의 바위에도 생명상이 나타난다.

이 바위들 바로 옆에 있는 바위에도 생명상이 뚜렷하다.

멀리에서 바라보면 이렇게 큰 바위들이 평지에 존재하고 있음을 알 수 있다. 주변의 산도 높지 않고 바위산도 아니다. 자연적으로 이렇게 큰 바위가 존재하기 어려운 지형임을 알 수 있다.

계곡은 완전히 정리되어 수로가 되어 있다. 꽉 차 있었을 고인돌들도 모두 사라졌다. 스님들이 인공미에 너무 익숙해져 가는 것은 아닐까? 그래도 흔적은 있다. 바닥이 생명 형태로 다듬어진 곳이 있다.

법주사 입구에 기다란 바위 두 개가 나란히 있는데 그 중 한 바위의 뒷면에 선사시대의 표시가 나타나 있다.

2. 화양리의 고인돌

화양리 입구는 보를 막아 운치가 크게 훼손되었다. 고인돌들도 모두 사라져 버렸다. 부착되어 있는 암벽의 고인돌만 남아 있다. 수위가 높아져 물속에서 얼굴을 내밀고 있는 듯한 모습이 된 사람 얼굴상이다.

산에 쌓여진 바위들, 맨 위에 생명상이 올려져 있다.

서 있는 모습의 두 바위 중 우측 바위 위쪽의 생명상 모습이다.

족두리를 머리에 둘러쓴 듯한 얼굴상이다.

선사시대의 표시이다.

다양한 생명상.

법주사에서 화양리로 가던 중 강에서 발견한 고인돌을 여러 방면에서 바라본 모습이다.

앞의 상 주변의 고인돌들.

3. 파천의 비밀

화양구곡의 가장 안쪽에 파천이 있다.

안내판에 「계곡 전체에 흰 바위가 넓게 펼쳐져 있으며, 그 위에 흐르는 물결이 마치 '용의 비늘을 꿰어 놓은 것.' 처럼 보여 파천이라고 부르며,

신선들이 이곳에서 술잔을 나누었다는 전설이 있기도 하다.」라고 되어 있다.

주위의 고인돌을 찍고 저쪽의 넓은 바위로 가려는데 물이 앞을 가로 막는다. 넓은 바위가 물을 막아 한 곳으로만 물이 흐르게 되어 있다.(사진 1) 그곳을 건너뛰어야 저쪽으로 갈 수 있다.

그런데 그 거리가 건너뛰기에 만만치가 않다.(사진 2) 비가 온 후라 미끄러울 수 있지만 건너뛰기로 한다. 카메라를 윗주머니에 넣고 건너뛰었다. 성공이라고 생각하는 순간 카메라가 쑥 빠져 나와 바위 패인 곳에 고여 있는 물속으로 빠져버린다. 항상 카메라를 조심하였는데 결정적 실수를 하고 말았다. 사진을 찍을 수 없게 된 것이다.

주위를 둘러보니 건너뛴 곳 말고 수로를 통해서도 물이 흐른다. 가로 20cm, 깊이 30cm 정도의 직사각형으로 패어있는 수로이다. 인공적인 수로가 분명하다. 그런데 어떻게 이 수로에 물이 흐를까? 바위들이 막고 한곳만을 터주고 있는데.

자세히 살펴보니 바위 밑으로 물이 흘러나와 수로로 향하는 것이 아닌가.

물을 막고 있는 바위의 끝부분의 바위가 원래 바위가 아니라 나중에 놓여졌다는 것을 보여준다. 즉 고인돌인 것이다.

이것도 고인돌에 대한 증거 중의 하나가 될 것이다. 수로와 이 바위를 찍어야 할 것인데 카메라가 작동되지 않는다. 여기를 다시 올 시간은 없고, 어쩔 수 없이 나만 알고 있을 수밖에 없게 되었다.

(사진 1)

(사진 2)

앞 사진의 왼쪽의 모습이다. 입을 벌리고 있는 생명상임을 알 수 있다.

4. 문장대의 열 개의 눈

드라이기로 카메라를 말리고 아침에 보니 다행히 작동이 된다.

사진을 찍으며 오르는 문장대는 가도 가도 끝이 보이지 않는다. 이제 2km라는 푯말을 보면 굉장히 먼 거리로 느껴진다. 지리산 계곡에서 봤던 10km는 상상이 안가는 거리가 되어 버렸다.

2km 가는데 약 4~5시간이 소요되기 때문이다. 거대한 고인돌들을 보며 호연지기를 길러야 하는데 오히려 호연지기가 위축되고 있다.

문장대 주변은 온통 생명체 형상의 고인돌이다.

정상에 오르니 바닥이 움푹움푹 온통 패어있다. 곳곳에 물이 고여 있는 것이 눈을 나타내려는 것 같다. 그런데 너무 복잡하다. 넓지 않은 평면이 온통 패어 있으니 눈일 거라 생각하며 찾아도 찾기가 어렵다.

특히 홈이 크게 패인 곳은 다른 눈을 만드는 과정에서 생긴 것인지 알 수가 없다. 확실해 보이는 작은 것부터 하나하나 찾아가니 조금씩 정리가 된다. 그래도 알 수 없는 큰 웅덩이, 언뜻 스치는 생각! 멀리 떨어져 있는 큰 웅덩이 두 개도 눈이 아닐까?

그것은 가까이에서는 보이지 않고 멀리에서 보아야 할 것이다. 그렇다면 문장대는 꼭대기이므로 남미 나스카유적의 사막 그림처럼 하늘에서 보아야 두 눈이 정확히 보일 것이다.

이렇게 하여 찾아낸 열 개의 눈.

나중에 국립공원 관리공단에서 발간한 속리산 안내 지도에서 보니 문장대를 하늘에서 찍은 사진이 있다. 정확히 위에서 찍은 것이 아니라 명확하지는 않지만 두 개의 큰 물웅덩이가 두 눈의 역할을 하고 있는 것을 볼 수 있다.

5. 이중 얼굴상

앞의 문장대를 보면 전체로 거북이 형상임을 알 수 있다.

우측의 머리 역할을 하는 바위를 보면 앞쪽을 멀리 바라보며 명상에 잠겨 있는 듯하다. 그런데 위쪽의 패인 홈을 입이라고 생각하고 보면 뒤쪽즉 사람들이 있는 곳을 돌아보며 반기듯 방긋 웃고 있는 형상이 된다. 얼굴상이 이중으로 표현되어 있는 것이다.

다음 상을 보자.

설명 사진에서 ①이 눈일 경우 ②가 코 ③이 입이 된다.

②의 검은 부분이 눈이 되면 ③과의 사이가 코가 되고 ④가 입이 된다.

다음 상은 설명 사진의 ②가 입이 될 수 있다.

그런데 ①이 입이 되면 ②는 턱이 됨을 볼 수 있다.

다음 상은 설명 사진의 ②가 눈이라는 것을 알 수 있다. 그런데 ①이 눈이 되면 ②는 입이 된다.

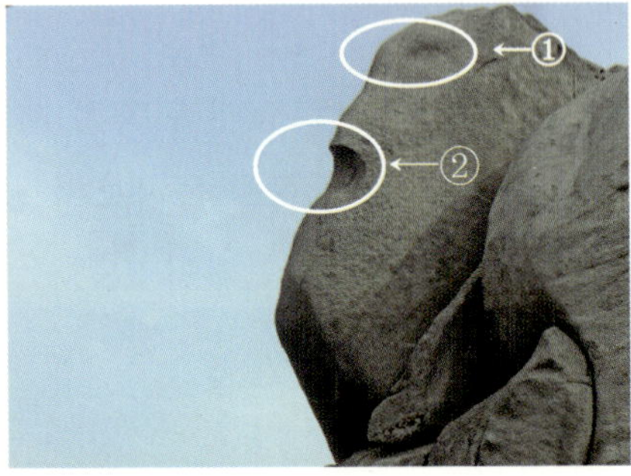

다음 상의 설명 사진 1에서 ①이 눈이 되면 ②가 입, ③이 턱이 됨을 알 수 있다. 그런데 설명 사진 2에서 ②가 눈이 되면 ③이 입이 됨을 볼 수 있다.

다음 상의 설명 사진에서 ①이 눈이면 ②가 입, ②가 눈이면 ③이 입이라는 것을 알 수 있다. 우측에도 성립하는 것 같으나 명확하지 않으므로 생략하기로 한다.

6. 다양한 형상

무어라 말로 표현 할 수가 없다. 선경이란 이런 형상들이 모여 있는 곳일 것이다.

산이 생명체 형상으로 다듬어졌다.

거대한 인물상이다.

사색하는 사람상일까? 손으로 턱을 괴고 있는 것 같다.

새끼 업은 상으로 북한산에서 본 상과 유사한 방식이다. 숲이 가려 사진 찍기가 곤란하다.

흔히 짓는 표정중의 하나이다. 윗니로 아래 입술을 가볍게 물고 있다.

혀를 내미는 듯한 형상이다.

입석대를 앞에서 본 모습과 멀리에서 본 모습이다. 가까이에서 보니 이끼가 끼어 있는 듯한 두 눈과 입이 보이다.

커다란 규모의 상들이다.

기타 다양한 상

치악산의 고인돌

1. 작은 고인돌

치악산 구룡사에서 비로봉 쪽을 오르는 길엔 상대적으로 고인돌이 많은 편이 아니었다. 아마 바위의 성질이 잘 부서지기 때문일 것이다.

관악산처럼 능선에 온통 바위가 드러나 있다. 겉으로 보기엔 육산 같지만 이름에 악자가 들어간 까닭일 것이다.

비로봉 정상에서 계곡 쪽으로 하산 길에 접어들었다. 올라오기 전 안내 표지판에 비로봉 왕복 6시간 소요라고 되어 있는데 3시에 오르기 시작하였고 사진까지 찍었으니 금방 어두워질 것이다.

하산 하는데 길바닥과 주위에 있는 작은 바위들에 눈이 새겨져 있는 것이 보인다. 이렇게 작은 고인돌도 있나? 그런데 자꾸 보인다. 자세히 보니 바닥에 온통 작은 고인돌이다. 돌길로 형성된 길에 있는 작은 바위들이 온통 고인돌인 것이다.

이렇게 많은 바위는 산을 깎아서 나왔을 것이다. 바위의 성질이 잘게 부서지니 큰 고인돌 보다 작은 고인돌을 무수히 만든 것 같다. 사진을 서둘러 찍었다.

걱정은 이런 돌길은 어두워지면 길이 확실하지 않다는 것이다. 흙길이면 뚜렷하여 문제가 없지만, 약한 불빛의 손전등에 의존하기에는 돌길은 길의 분간이 잘 되지 않는다는 것이다. 어느 정도 사진을 찍고 서둘러 하산하였다.

도중에 완전히 어두워져, '어둠은 불편할 뿐이다.' 라고 되뇌였다. 김풍기 도인이 젊었을 때 산신령이 있는가를 물어 보려고 치악산에 도인을 찾아 가는 길도 이렇게 어두워졌던 모양이다. 그러다 불빛을 보고 찾아간 오두막의 노인에게 하룻밤 신세를 지게 된 것이다. 젊은 김풍기는 알아보지 못했지만 그 노인이 바로 도인이었다. 도인은 "산신령은 산의 정기를 높여 부르는 것이다."라며 호흡법 등 몇 가지를 알려주며 집에 가서 해 보라고 하였단다. 이런저런 생각을 하며 부지런히 걷는다.

2. 구룡사 이야기

구룡사의 안내판에 보면 「전설에 의하면 원래 대웅전 자리에는 연못이 있었고 그곳에 아홉 마리 용이 살고 있었는데 도술 시합으로 이들을 물리치고 절을 지었고…….」 라고 되어 있다. 아홉 용은 불교 전래 전 도 닦는 사람들을 말할 것이다.

금산사는 용이 사는 연못을 숯으로 메워 용을 몰아내고 절을 세웠다고 한다. 부석사의 부석 이야기도 같은 것이다.

큰 절들의 자리가 불교 전래 전에 도 닦던 곳이었음을 알 수 있다. 이러한 절의 건설 설화는 기존의 고유의 도가 쇠퇴하고 불교로 대체 되어 가는 과정을 보여주고 있다.

고인돌을 세웠던 위대한 도인의 시대가 후손들이 도를 멀리하기 시작하여 점점 쇠퇴하여 가다가 불교에 그 역할을 넘기는 과정인 것이다.

수행과 종교의 양면을 가지는 불교가 상근기는 수행으로, 일반 대중은 종교로 교화하게 된다.

"부처는 '자기의 사후 불교가 사라질 것이다.' 라고 하였으나 오히려 중국, 한국에서 크게 번성하였다."고 외국인 학자가 말하는 것을 불교방송에서 본 적이 있다. 이것은 무슨 의미일까?

지금 우리나라의 불교가 한국식이라는 것을 의미하는 것은 아닐까. 즉 토착화하면서 우리 고유의 도를 많이 흡수하였을 것이라는 것이다. 대웅전의 웅자가 환웅 할 때 웅자라 하고, 산신각이 뒤에 있으나 절에서 가장 높은 곳에 자리 잡은 것이 이를 보여주고 있다 할 것이다.

동해안의 고인돌

강릉에서 양양 가는 도로에서 바라본 푸른색 일변도의 산에 하얀 두 눈이 보인다. 고인돌일 가능성이 커 보인다. 단조로움을 깨는 역할이 주어진 건 아닐까? 서울 북악산, 화순 용성산과 같은 형식일 것이다.

해변에서 발견한 선사시대의 표시.

산에서만 보던 표시를 해변에서 보게 될 줄이야!

해안가의 많은 생명상들이 고인돌이라는 표시일 것이다.

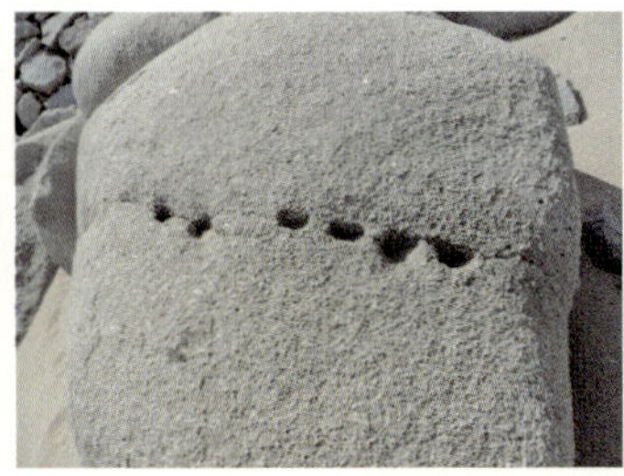

어디에서 본 듯한 형상이다.

동화 속에 많이 등장할 것 같다. 서양 인어의 원형이 아닐까?

섬과 해안가, 바위가 다듬어져 생명상이 드러나 있다.

무더기로 모여 있는 고인돌.

바닷가에 누워 있는 듯한 형상.

위로 올라 갈 수 있도록 밀어주는 것일까?

물과 명암을 이용한 눈.

다양한 고인돌.

설악산의 고인돌

답사 순서를 설악산을 먼저 다녀오고 다른 지역을 한 번에 죽 돌려고 하였는데 갑자기 교육이 잡혔다. 교육을 받고 그 길로 답사를 가기로 하였다. 그러다보니 설악산이 제일 나중이 되었다.

설악산 답사를 하며, 설악산을 제일 나중에 보게 된 것은 정말 잘 된 일이다, 라는 생각이 들었다. 답사 기간 동안 보는 눈이 더 트여 고인돌들을 더 잘 살필 수 있었기 때문이다. 먼저 설악산에 갔다면 많은 것을 보지 못하고 지나 칠 뻔하였다.

1. 울산바위는 생명을 표현한 고인돌이다.

울산바위는 전체로 하나의 거대한 생명체를 표현하고 있다. 또 세부적으로 많은 생명상이 새겨져 있다. 멀리에서 본 울산바위의 모습이다.(사진 1), 조금 더 가까이에서 본 모습(사진 2)

(사진 1) (사진 2)

(사진 3) (사진 4)

양쪽으로 생명상이 새겨져 있다.(사진 3, 4)

울산바위 전체에서 약 절반 정도의 우측 부분을 보면 크게 두 인물상이 새겨져 있다.(사진 1) 좌측의 인물상은 기대는 듯한 자세로 우측을 바라보고 있다.(사진 2) 이 형상을 다른 각도에서 바라보면 정면을 바라보고 있는 형상이 된다.(사진 3)

우측의 인물상은 그윽한 눈으로 깊은 사색에 잠겨 있다.(사진 4) 이 형상을 다른 곳에서 바라보면 수염을 기른 모습으로 역시 깊은 사색에 잠긴 모습이다.(사진 5)

(사진 1)

(사진 2)

(사진 3)

(사진 4)

(사진 5)

울산바위에서 바라보면 아래쪽 전망대에 사람 얼굴상이 보인다.

위의 상 바닥에 문장대처럼 눈이 새겨져 있다.

정상 전망대 쪽을 보면 선이 그어지며 양쪽으로 생명상이 나타나 있음을 볼 수 있다.

울산바위 가는 길에 있는 선사시대의 표시이다.

주변의 생명상.

2. 금정굴은 눈이고 입이다.

금정굴이 있는 봉우리는 왼쪽 눈을 새기고, 금정굴이 우측 눈이 되며, 계단이 설치된 비스듬한 홈이 입이 되어 사람 얼굴상을 나타내고 있다.

다른 곳에서 바라 본 금정굴은 이번엔 입 역할을 하고 있다.

금정굴 내부에서 밖을 바라보면 허공을 이용하여 하나의 형상이 조성되어 있음을 알 수 있다. 좌측을 바라보고 있는 얼굴상이다.

3. 흔들바위

흔들바위도 생명이 표현된 고인돌이다.

흔들바위를 이고 있는 바위를 보면 바위를 둥글게 파내어 입을 삼았고, 이끼 사이에는 둥그런 두 눈이 뚜렷하다. 이끼와 나무들이 푸른색의 머리카락 역할을 하고 있다.

흔들바위 옆에 있는 거대한 동물형상의 바위이다.

4. 생명상으로 다듬어진 능선

정상 부근 전체가 하나의 생명상으로 다듬어졌다.

능선의 전부 또는 일부가 생명상으로 다듬어졌다. 미리 부분의 눈이 선명하다.

산줄기를 다듬고 앞쪽에 큰 바위로 머리 역할을 하게 하였다. 머리 역할을 하는 바위가 고정된 암벽을 깎은 것인지 독립된 바위 인지는 확인하지 못하였다.

다양한 형상.

5. 생명 형상으로 다듬어진 암벽

뚜렷한 사람 형상이다. 산을 오르고 있는 듯한 모습이다.(사진 1, 2) 비슷한 형상이 금강굴 앞산에 있다.(사진 3) 그런데 팔공산에서도 유사한 상이 있었다.(사진 4) 세 형상이 유사한 것을 알 수 있다.

(사진 1) (사진 2)

(사진 3) (사진 4) 팔공산

등에 포대기로 아기를 업고 있는 듯한 형상이 있다. 앞에 벽을 두고 서 있는데 이러한 방식은 앞에서 살펴본 용화산, 팔공산과 비슷하다.

(설악산) (용화산) (팔공산)

산봉우리 전체가 코가 긴 형상으로 다듬어졌다. 그런데 계룡산에도 비슷한 형식의 상이 있다.

(설악산) (계룡산)

무슨 의미일까? 앞에 부모 또는 남녀 어른상이 있고 뒤의 조그마한 상을 보면, 귀에 손을 대고 있는 모습 같다. 마치 말을 엿듣고 있는 것 같다. 아이들이 듣고 있으니 말을 삼가 하라는 의미일까?

뚜렷한 눈이다. 한눈이라 더 강렬하게 느껴진다.

봉우리가 하나의 생명상으로 다듬어졌는데 입 역할을 하도록 바위를 잘라 낸 것을 볼 수 있다.

오! 하늘이시여.

하늘을 향하여 있는 인물상이다. 수련중이실까? 천문을 살피고 있을까.

로봇을 아셨을까?

갑옷을 입고 완전무장한 장수가 말을 타고 개선하고 있다. 뒤에 태운 것은 부상을 당한 사람일까? 아니면 화살 통을 메고 있는 것일까!

장군봉이라 불리는 곳이다. 앞의 개선장군이 갑옷을 벗고 평복으로 말을 타고 있는 모습일까.

머리 모습이 특이한 사람 형상이다.

벌리고 있는 입안이 붉어 살아있는 듯한 맹수 형상이다.

다양한 형상

6. 만들어진 폭포

큰 돌을 쌓아 물길을 막아 작은 폭포를 만든 것은 자주 볼 수 있다.

큰 폭포도 만들어진 것이 있지 않을까.

천불동 등산로에 30m 정도의 철사다리가 수평으로 놓여 있는 곳이 있다. 계곡물이 수평으로 흐르기 때문이다.

경사가 급한 산의 암벽 계곡이 어떻게 30m를 수평으로 흐를 수 있을까. 바로 위에 폭포가 있는데 경사진 곳을 수직으로 깎아 폭포를 만들고 앞을 밀어내니 수평을 이루는 방식이 아니었을까. 앞에서 살펴보았던 산을 깎아 암벽을 만들 때와 같은 원리이다.

비룡폭포를 보자. 폭포의 좌측 암벽을 보면 눈이 새겨진 생명상임을 알 수 있다. 우측 암벽도 역시 생명 형상이다. 폭포가 인공적으로 다듬어져 있는 고인돌임을 알 수 있다.

다음 폭포를 보면 폭포 좌측 암벽이 새의 형상으로 다듬어져 있음을 볼 수 있다. 형태와 눈이 뚜렷하다.

다음 폭포에도 뚜렷한 생명상이 새겨져 있다.

하얀 용의 형상일까?

7. 물과 폭포를 이용한 고인돌

먼저 문제를 하나 드리겠으니 생각해 보시기를……. 계곡에 아래 모습의 호가 있는데 어떤 형상이 보이고 있다. 어떤 형상 일까?

어떤 형상이 보여 사진을 찍어 왔는데 나중에 사진을 보니 어떤 형상인지 알 수가 없다. 한참 후에야 다시 형상을 찾을 수 있었다. 지금은 너무 익숙해져 금방 눈에 들어와 문제를 내면서도 앞의 경험에 의존하여 몰라보는 분들도 많으시리라는 예상 하에 문제를 내었다.

비선대를 보자. 비선대에는 두 개의 둥근 호가 있는데 두 눈을 나타내는 것 같다. 마치 선글라스를 착용한 것처럼 보인다.

우측호의 바닥을 보면 물속의 바닥이 초록색의 생명 형상을 나타내고 있음을 볼 수 있다.

호를 조성하기 위하여 두 번째 호 아래를 바위로 막아 물을 가두고 있다.

이제 앞에서 문제를 낸 형상을 보자.
형상이 안보이시는 분들은 더 큰 아래 사진에서 찾아보시기를.

아직 안보이면 다음의 사진을 보시기를.

물속에 있는 이 작은 바위가 호 전체의 모습과 형태가 비슷한 것을 알 수 있다. 이 모습을 보고 전체 호도 이와 비슷한 모습이라 생각하고 보면 상이 떠오를 수 있다. 그래도 안 보이면 이 작은 바위의 아랫부분 검은 곳이 눈이라 생각하고 전체 상을 보시기를…….

다음의 상을 보면 물을 먹고 있는 듯한 생명상이 보인다. 그런데 호 전체의 모습이 이 생명상의 형상과 유사한 것처럼 보인다.

용과 새 형상이 나타나 있다.

우주인상과 새의 머리 부분이다.

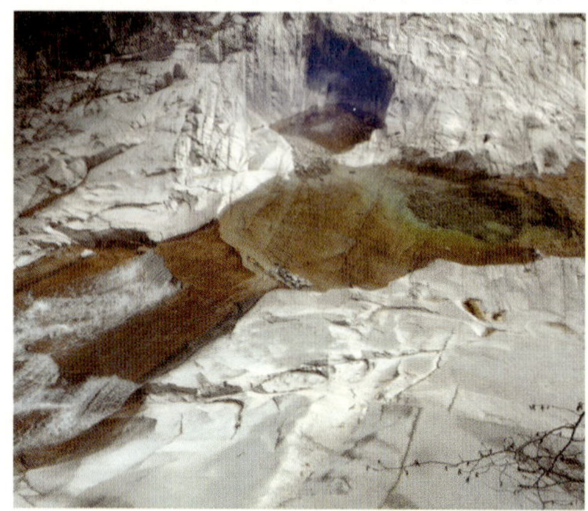

큰 새의 형상이다.(확대하여 찍은 것임)

다음의 상들은 명확하지는 않으나 위쪽의 더 짙은 푸른색의 곳이 눈이라 생각하고 전체 상을 보시기를.

벌새 같다. 나스카의 유적 중에도 벌새 그림이 유명하다.

물을 이용한 눈 형상이다.

8. 기타 형상

바위의 윗부분에만 형상을 새긴 상이다.

모악산, 무등산에서도 비슷한 방식의 형상을 보았었다.

(설악산)

(모악산)

(무등산)

다양한 형상.

서울 수락산, 불암산의 고인돌

수락산, 불암산은 일부만을 답사하였다.

불암산 전체 사진을 찍었는데 의미를 알기 어려운 내용이 담겨있다. 마치 부복하듯이 엎드려 있는 인물상처럼 보인다.(사진 1) 앞쪽은 북한산이다.

그런데 북한산 인수봉의 모습이 앞에서 보았던 모습과 다른 모습을 보이고 있다.(사진 2) 인수봉을 향하여 부복하고 있는 것일까?

(사진 1)

(사진 2) 하얀 턱수염이 보인다.

생명상으로 다듬어진 모습이다.

특이한 눈이 발견되었다.

한 눈은 구멍을 파고 한 눈은 튀어 나오게 다듬어졌다. 처음 보는 형태의 개성적인 눈이다.

바닥에 태극무늬가 새겨져 있다. 거의 완전한 둥근 형태이다. 무엇을 대고 그렸을까. 대고 그렸다면 흙이 바깥쪽에만 있어야 하는데 그렇지 않으니 대고 그린 것은 아니다. 컴퍼스 없이 큰 원을 이렇게 둥글게 단 한 번의 필치로 뚜렷하게 그리는 게 가능할까. 가운데 말뚝을 박은 흔적도 없다.

서울 안산의 고인돌

인왕산 맞은편에 있는 산으로 북악산처럼 전체가 하나의 생명상으로 다듬어졌다. 좌측이 머리 부분이다.

집 형태의 고인돌이다.

전에 볼 땐 구멍이 별자리일까 열심히 살폈었는데, 다시 보니 생명상의 눈과 코이다. 입은 작은 선이 그어져 있다. 좌측 아래에 웃는 듯한 작은 새끼 형상이 새겨져 있다. 같은 방식으로 구멍으로 눈을 삼고 선을 그어 입으로 삼았다.

거북 형태와 다듬어진 바위이다.

서울 낙산의 고인돌

낙산의 집들 사이에 암벽이 드러나 있는데 거기에 상이 새겨져 있다.

이 형상은 설명 사진의 ①이 눈, ②가 입으로 하나의 인물상으로 보였다.

그렇게만 하나의 인물상으로 보고 있었는데 나중에 자꾸 그 위쪽도 사람 얼굴처럼 보이는 것이었다.

점차 분리되어 있는 것으로만 생각하였던 위쪽과 아래쪽이 하나의 상을 형성하는 것을 알 수 있었다. 그리고 위의 설명사진 ②의 아래쪽에 무엇이 올려져 있어 잘 알 수 없었지만 그곳이 발목 아래이고 전체적으로 어린 아이가 걷는 모습임을 알 수 있었다.

신기한 일이다. 어린아이의 걷는 모습이라…….

요즘은 아이 때문에 자기가 하고 싶은 일을 못 한다는 사람도 있는데 아이를 키우는 것보다 더 중요한 일이 있을 수 없다는 것을 보여주고 있는 것은 아닐까.

가까이 가서 살펴보니 또 다른 형상이 나타난다. 웃고 있는 거대한 두꺼비 형상의 머리와 몸에 구미호처럼 아홉 개의 꼬리가 늘어져 있는 모습 같다.

얼굴 부분을 보면 웃고 있는 모습이 확연하다.

눈을 통한 생명상이다.

암벽을 파내어 생명상을 새겼다.

잠자고 있는 공룡 같다.

마석의 고인돌

앞에서 화순의 절개지에 상이 새겨져 있는 것을 보았다. 이와 같은 상황으로 산이 물과 만나 끝이 나는 곳의 산을 깎아 길을 내고(사진 1) 그 절개지의 바위에 생명상을 새겨 놓았다.(사진 2, 3) 비슷한 방식으로 새겨진 상이 설악산에도 있다.(사진 4)

(사진 1) (사진 2)

(사진 3) (사진 4) 설악산

물길 가운데에 동물 모습의 거대한 생명상이 있다. 보는 방향에 따라 다양한 모습을 보여준다. 이런 상 하나하나가 귀중한 작품들이다.

주위에도 많은 상이 있었을 것인데 크기가 커서 옮기지 못하였는지 이 상만 남았다.

눈이 뚜렷한 형상이다.

냇물 바닥의 암반을 이용하여 형상을 만들었다.
물과 합작으로 생명상이 되어 있다.

다양한 형상.

백두산의 고인돌

북한의 고인돌을 찾으려 사진을 구하여 보았으나 찾기가 어려웠다.

백두산의 장백폭포를 보면 뚜렷하게 눈이 보인다. 설악산의 소규모 폭포에 있던 상과 비슷한 느낌이다.

(설악산)

(사진제공:연강재단「천오백년의 시간여행」)

백두산에서 고인돌이 발견된 것은 당연한 일일 것이다.

고구려 유적 장군총에 세워진 바위들도 뚜렷한 생명상임을 볼 수 있다. 산중 고인돌과 형식을 갖춘 건축물과의 만남이라고 할까?

장군총이 고구려 시대의 것인지 그 이전의 것인지 불분명하다고 하는데 산중 고인돌이 건축물과 어떤 식으로 만나고 변화되었는지 장차 연구 하여야 할 과제일 것이다.

(사진제공: 위와 같음)

부산권역의 고인돌

부산 금정산의 금강공원 쪽에서 고인돌을 발견하였고 이에 따라 각 도의 대도시 주변의 산을 살펴보기로 계획을 변경하였었다. 그런데 막상 금정산은 자세히 보지 못한 것이 아쉬웠는데 원고 초안을 출판사에 넘기고 그 사이에 다녀오기로 하였다.

1. 지질학적 의문과 고인돌

책「박맹언 교수의 돌 이야기」에 금정산의 수수께끼와 진해 시루봉에 대한 내용이 있어 확인해 보기로 하였다.

본 책은 지질학자들에게는 당황스러운 내용들일 것이다. 지질학적으로 설명한 많은 것들이 사람에 의한 것이었기 때문이다.

"사람에 의한 것 같지만 이러 이렇게 자연적으로 형성되었다."라는 설명을 여러 군데에서 보았다. 풍화 말고 달리 설명할 수 없는 경우가 많았을 것이기 때문에 이렇게 설명을 하였으리라는 점에서 지질학자들로서도 어쩔 수 없었을 것이다.

금정산에 대하여 위 책에는 '금정산의 수수께끼' 라는 제목으로 다음과 같은 내용이 있다.

금정산 일대는 산성마을을 비롯하여 주변 산이 모두 화강암으로 이루어져 있으나 유독 산성마을만이 낮은 분지를 형성하고 있는 것도 지질학적으로 잘 설명되지 않는 사안이다.

게다가 금정산 화강암의 깨어진 틈은 동서남북 모든 방향으로 발달되어 있어 중앙부에 운석과 같은 강한 충돌에 의한 가능성을 지니고 있다. 지금까지 운석 조각이 발견되지 않고 있지만 우리는 산성마을이 운석이 부딪힌 장소라고 추측해 볼 수도 있다. 오래전 운석 충돌로 인해 산성마을이 위치한 분지가 생기고, 그때의 충격으로 멀리 범어사, 금강공원, 구포의 산기슭 낮은 곳까지 거대한 바윗덩어리가 산 밑까지 굴러내려 왔는지도 모를 일이다.

(「박맹언 교수의 돌 이야기」 산지니, 박맹언 지음 41~42P)

운석은 우주에서 온다는 점에서 이집트의 피라미드나 나스카 그림의 외계인설과 비슷해 보인다. 그 만큼 설명이 안 되는 상황이기 때문일 것이다.

첫째, 산성마을의 화강암이 동서남북의 모든 방향으로 깨어져 있는데 그 잔해물이 없다는 것이고.

둘째, 범어사, 금강공원, 구포의 산기슭에 거대한 바위 덩어리가 다량으로 분포하고 있는 것도 설명이 안 되기 때문일 것이다. 가장 합리적인 설명은 산성마을에서 깨어진 화강암 잔해들이 위의 다른 곳으로 옮겨졌다고 하는 것인데 그러기에는 운석의 충돌 말고는 달리 설명할 수 없기 때문에 위의 추정이 나왔을 것이다.

여기에서 알 수 있는 것은 산성마을에서 깨어진 바위들이 다른 지역으로 이동하였으리라는 것이다. 앞에서 금강공원 지역의 고인돌을 살펴보았는데 그 지역에서 자연스러운 풍화로 생길 수 없는 모습이고 모두가 매끈하게 다듬어진 고인돌인 것을 살펴보았었다.

이제 지질학적으로 볼 때 이 고인돌들이 산성마을에서 채굴되어 옮겨진 것이 합리적이라는 것을 알 수 있다.

범어사 지역을 살펴보기로 하자.

범어사 돌바다(암괴류)의 안내판에 '폭 70여 미터에 길이 2.5km 정도의 공간에 바위들이 쌓여있다.' 라고 하며 이에 대한 지질학적 설명이 곁들여져 있다.

그러나 이 설명들이 맞지 않는 것은 자명해 보인다.

금정산 고인돌의 특징은 계곡에 많은 바위들이 쌓여 있는 것이라 할 수 있는데, 금정산 여러 곳의 계곡에 바위들이 무더기로 쌓여져 있는 것을 볼 수 있었다.

이 바위들이 없었다면 금정산의 계곡들은 더 좁고 깊게 패었을 것이다. 계곡물에 흙이 패어 바위가 드러나기에는 주변이 바위산이 아닌 육산이라 가능성이 없어 보이고 모든 바위들이 매끈하게 다듬어져있어 옮겨진 고인돌인 것이 분명해 보였다.

위의 지질학적 설명에서 보았듯이 산성마을에서 채굴된 바위들일 가능성이 큰 것이다.

먼저 모여 있는 바위군의 모습이다.

절 입구에 있는 선사시대의 표시이다.

계곡에 있는 선사시대의 표시

계곡 등산로에 사면이 잘려진 바위가 있다. 네모로 사면을 선사시대의 표시 방법으로 잘라낸 것이다. 잘려진 한쪽은 등산로 바닥에 놓여있다. 눈이 새겨져 있는 생명상인 것을 알 수 있다.

한반도 모양의 바위가 있다. 가운데 금이 그어져있어 분단 상황을 예견하고 있는 듯하다.

절 안에 큰 바위가 매끄럽게 다듬어져 있는데 눈이 새겨져 있는 생명상이다.

절 뒤쪽 산에 있는 고인돌이다.

눈이 뚜렷한 형상이다. 지면관계상 몇 개만 보기로 하자.

다양한 형상이다.

계곡의 바위 숫자가 얼마나 될까? 헤아릴 수도 없다. 수많은 생명상이 있을 것인데, 사진을 찍은 것 중에서 몇 개만 보기로 하자.

위의 책에 진해 장복산 시루봉에 대하여 다음과 같이 기술되어 있다.

“이 봉우리는 주변의 다른 봉우리들이 주상절리를 이루는 것과는 대조적으로 주상절리가 없고, 퇴적암의 층리 같은 수평의 평행한 줄무늬를 갖는 특이한 구조의 암석이다.” (앞의 책 64P)

“한편 시루봉의 정교한 수평절리는 시루봉을 형성한 용암이 식을 때 부피가 감소되어 만들어진 냉각절리로 짐작 될 뿐 생성원인은 구체적으로 알려져 있지 않다.

자연이 빚어놓은 시루봉의 신비한 생성 기원을 명확하게 밝혀 이곳이 지질 명소로 오랫동안 보존되길 바란다." (앞의 책 65P)

시루봉의 생성 원인을 지질학적으로 설명하기 어려움을 알 수 있다.
시루봉은 워낙 혼자 우뚝 서 있어 고인돌일 가능성이 커보였다.
고인돌인 것을 확인하기 위하여 생명상을 찾아보자.

전체적으로 개가 앉은 자세로 좌측을 바라보며 웃고 있는 듯한 모습을 볼 수 있다.

시루봉에 새겨진 생명상이다.

장복산 능선에 새겨진 상이다. 거대한 이무기가 꿈틀꿈틀 움직여 나가는 모습이다. 얼굴 부위와 입이 선명하다.

장복산의 다양한 형상.

2. 금정산의 고인돌

금정산의 다른 지역의 고인돌을 보기로 하자

(1) 산봉우리나 줄기의 전체 또는 일부가 생명 형상으로 다듬어졌다.

봉우리가 명상에 잠겨있는 듯한 근엄한 개형상의 생명상으로 다듬어졌다.

산줄기가 생명상으로 다듬어져 있고 옆에는 사람 얼굴 형상이 새겨져 있다.

다양한 형상.

눈이 뚜렷한 생명상이다.

(2) 금샘은 안내판에 '항상 물이 가득하며 가물어도 마르지 않고 금빛을 띈다. 세상에 전하기로는 금빛 물고기 한 마리가 오색구름을 타고 범천에서 내려와 그 우물에서 노닐었다고 하여 산 이름을 금빛 우물이 있는 산, 금정산(金井山)이라고 한다.' 라고 되어 있다.

금샘은 전체로 생명상의 눈을 나타내고 있었다. 또 황금색의 물 바닥엔 눈이 새겨져 있어 샘의 형태 자체로 또 하나의 생명상을 이루고 있다.

금샘은 전형적인 고인돌인 것이다.

그런데 가물어도 왜 물이 마르지 않을까?

금샘의 주위에 새겨진 눈이다.

바위를 파내어 도마뱀 형태의 생명상을 새겼다.

쌓아져 있는 바위들과 생명상.

(3) 눈이 뚜렷한 형상들이다

금정구청장

다양한 형상.

3. 해안가의 고인돌(이기대)

이기대의 농바위는 이중 생명상이라 할 수 있다.

맨 위의 바위가 얼굴이 되는 경우, 중간 바위가 몸이 되어, 바위 위에 아찔하게 올려져 있는 꼬마상이 되며, 맨 위의 바위가 모자가 되는 경우, 중간 바위가 얼굴이 되고 아래 바위가 몸이 되어, 모자 쓴 어른이 서 있는 상이 된다.

물에 접한 암벽들이 생명 형상으로 다듬어졌다.

물속에 생명상이 있다.

암벽 깊이까지 물이 들어가게 되어 있고, 그 위에 바위로 돌다리를 만들었다. 무척 위태로워 보인다.

다양한 생명상

동해안에서도 살펴보았고 부산 바다에서도 보듯이 다른 지역의 해안가도 다듬어진 곳이 많을 것이다. 실제 사진으로 본 선유도도 다듬어진 흔적이 뚜렷하였으며 독도 역시 뚜렷한 생명상이었다.

독도의 동도와 서도에 같은 형식으로 뚫려있는 아치는 머리 부분의 역할을 하고 있다. 그 외에 다양한 형태로 생명상을 볼 수 있어 전면적으로 다듬어진 고인돌임을 알 수 있었다.

사진을 구하지 못한 것이 아쉽다.

시간상 답사하지 못하였지만 제주도 한라산 정상 부근의 암벽과 성산일출봉도 생명상으로 다듬어져 있는 것 같다.(사진판독)

그 외 울릉도, 홍도 ,거문도 등도 생명상이 보였다.

4. 마산 무학산

마산을 에워싸고 있는 무학산의 산줄기의 봉우리가 생명형상으로 다듬어졌다.

거대한 소가 웅크리고 앉아 편안하게 쉬는 모습이다.

주변 야산의 고인돌.

9장
도구가 있었을까?

9장

도구가 있었을까?

바위에 남은 흔적 중 반듯하게 자르고 매끄럽게 다듬은 것은 앞에서 많이 보았다. 여기에서는 특이한 흔적들을 살펴봄으로써 도구가 있었을까 추정하여 보기로 하자

(북한산)

바위를 ㄴ 자로 잘라내고
안쪽을 ㄷ 자로 다시 잘라내었다.

(도봉산)

중턱의 계곡에 굴착기로 뚫어 잘라낸 듯한 바위가 있다. 위쪽도 뚫은 흔적이 있고 중간 면에도 조그마한 흔적이 보인다. 사진을 찍을 때는 구멍 뚫린 흔적만 주목하였는데 나중에 보니 사진의 왼쪽에 동물의 얼굴 형상이 나타나 있다. 즉 생명이 표현 되어 있는 고인돌인 것이다.

특이한 형태의 구멍들을 살펴보자.

(북한산)

(마니산)

(용화산)

(낙산)

(지리산)

주걱으로 퍼내듯 한 흔적이다.

(북한산)

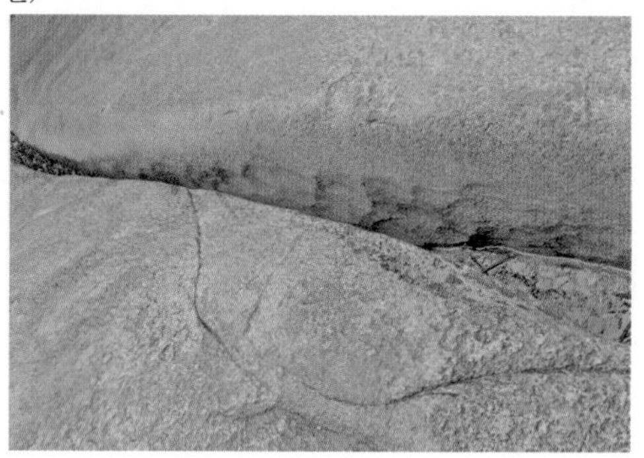

(북한산)

가늘게 여러 겹으로 잘라 낸 곳이다.

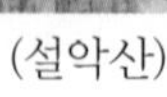

(설악산)

(고창 고인돌)

길 옆이라 포클레인 등의 흔적일 수도 있겠으나 보기로 하자.

(화순 고인돌)

조그만 새 같은 형상이 조각 되어있다.

(울산바위)

강화도의 고인돌에 선사시대의 표시가 있다. 그런데 가로와 세로 선이 만나는 곳의 우측에 구멍이 하나 더 뚫어져 있고 이곳에 무엇이 박혀있다.

만져보니 쇠 같은데 쇠가 왜 여기에 박혀 있을까?

고인돌이 만들어질 때는 쇠가 없었던 것으로 되어 있으니 나중에 박혔다는 것이 되는데, 부러진 쇠를 왜 박아 놓았을까? 그런데 쇠라면 오래되면 녹이 많이 슬었을 것인데 그렇지가 않다. 어찌 된 일일까?

속리산에 산의 절반 높이에 해당하는 커다란 상이 있다.

오른손으로 무엇을 쥐고 오른눈 앞에 대고 있는 자세이다. 망원경을 보는 듯한 모습이나 왼눈을 뜨고 있으니 망원경은 아닐 것이다. 그런데 쥐고 있는 것을 보면 네모 형태이다. 앞의 강화도 고인돌의 구멍에 박혀 있는 것과 형태가 비슷하다. 관련이 있을까?

10장
문명의 대전환을 예고하는 것일까?

10장
문명의 대전환을 예고하는 것일까?

연리지 고인돌

설악산에 돼지 형상의 바위가 있다.

독립된 바위가 아니고 부착된 암석을 다듬은 흔한 모습이라 사진 찍고 지나가야지 생각하는데, 얼핏 코가 길게 뻗어 있는 것 같다.

특이한 모습이라 생각하는 순간 '어! 코가 바위에 붙어있다.'

이미 수많은 고인돌의 다양한 모습과 크기의 놀라움에 익숙해 있지만 또 한 번 놀라움을 금할 수 없다.

이 모습이 되려면 몸통과 코 사이의 암석을 파내어야 할 것인데…….

이런 모습의 고인돌을 보면 후손에 무슨 뜻을 전하고자 하신다는 의도가 분명하게 느껴진다.

설악산에 새겨진 그림의 의미

큰 봉우리 전체와 그 줄기까지 포함하여 거대한 그림이 그려져 있다. 바위와 나무의 푸른 잎이 그려내는 그림이다. 엄청난 크기와 정밀도에 놀랄 수밖에 없지만, 이번에는 의미가 더 궁금하다.

처음엔 전체를 보지 못하고 한쪽 한쪽 살펴보며 사진을 찍었는데 점차 전체의 모습이 하나의 연관성을 가지고 있는 듯이 보이는 것이었다.

우측의 사람상은 도인의 풍모를 지닌 듯 당당한 모습이다.

좌측 아래에 사람 얼굴 형상이 보이는데 그 모습이 특이하다. 머리가 아래로 향하여 있고 눈은 약간 눈치를 보는 듯하다.

큰 눈으로 주위를 살피는 듯하며 고개가 아래로 향하여 있는 것이다. 무슨 의미일까?

곰곰이 살펴보는데 고개가 아래로 향한 형상의 입 아래에 하얀 무엇이 보인다.

무엇일까? 혹시 토하는 모습일까?

이는 나 혼자 판단할 문제는 아닌 것 같다.

먼 거리의 맞은편 산에서 봐도 저렇게 크고 뚜렷이 보이는데 실제의 크기가 얼마나 큰지 짐작하기도 어렵다. 멀리서 봐서 그렇지 내부에 들어가면 어디가 어디인지 분간할 수도 없을 것이다.

남미 나스카의 그림은 평지에 그려졌지만, 여기에서는 여러 개의 높은 산봉우리 전체를 이용하여 하나의 그림을 완성하고 있다.

앞에서 살펴본 연리지 고인돌이 간접적으로 무엇인가를 전하려고 하는 것이라면 이 그림은 직접적으로 의미를 표현하여 놓은 것은 아닐까?

그런데 우측 상의 아랫부분에도 사람이 있는 것 같다. 서서 걷는 듯 한 모습인데 위의 도인 상이 크게 팔을 뻗어 감싸고 있는 듯한 모습이다.

보호한다는 의미일까? 아이의 걷는 모습 같기도 하고 좌측의 고개를 앞으로 숙인 상을 보고 놀라는 것 같기도 하다.

머리를 숙이고 눈치를 보는 듯한 상이 나의 판단대로 토하는 모습이 맞

다면 현대 문명의 미래를 예고하는 것은 아닐까? 지나친 물질문명을 과식하고 있음을 경고하는 것은 아닐까?

2012년 종말론

왜 2012년일까?

여행이 시작된 날이 2012년 1월 초순이었다. 마야의 시계가 멈추게 된다는 해가 아닌가? 새로운 시간이 시작될 뿐이라는 견해도 있다. 남미에 문명을 전파하고 떠난 사람들이 동이족이라면 2012년과 산중의 고인돌이 발견된 시점이 연결성을 갖는 것은 아닐까?

지금은 평범한 촌로이지만 젊었을 때 도를 닦았다는 분이 무안에 살고 계신다. 젊은 시절엔 방안에 앉아 동네 전체를 볼 수 있었다고 한다. 이 분이 젊을 때 스승에게,

"앞으로 지구에 대변혁이 오는데 많은 사람이 상하게 된다. 그 뒤에는 지상낙원이 펼쳐진다. 진사(辰巳) 년에 시작하여 오미(午未) 년에 끝난다. 자네는 보고는 가겠네."라는 이야기를 들었다고 한다.

진(辰) 년은 12년 마다 반복되니 1964년 1976년 1988년 2000년이 여기에 해당하고 이에 대비하며 살아오셨다고 한다. 그러나 세월이 많이 흐르고 2000년도 그냥 지나가자 이제는 맞지 않은 것으로 생각하셨다 한다. 다음 진(辰) 년인 2012년엔 연세가 92세이니 그때까지 살 수 있으리라 생각할 수 없었기 때문이다. 지금은 평균수명이 갑자기 늘어난 것이라 할 수 있는데 과거엔 90살까지 살 수 있다고 예상하는 것은 거의 생각하

기 어려웠기 때문이다. 그런데 생존하여 2012년을 맞이하고 있다.

"자네는 보고는 가겠네."와 상황이 맞아떨어지는 것이다.

지금은 자식들을 모두 도시에 보내고 홀로 살고 계시는 우리 이웃 촌로의 말씀이라 종교적 편견 없이 들을 수 있는 이 이야기에 등장하는 진사오미(辰巳午未) 년의 진(辰) 년이 2012년이니 이래저래 2012년이 많이 등장한다.

종말론이 사실이냐 아니냐를 떠나 그러한 일이 가능할 수도 있다는 것을 알고 삶에서 무엇이 중요한지를 돌아보는 계기로 삼는 것이 중요할 것이다.

적절한 양의 물질은 삶에 필수적이겠으나 그 이상을 넘어 경제에 전력질주하는 삶은 목표를 잃은 삶과 같을 것이다. 경제는 삶에 필요한 물질적 수단을 얻고자 하는 것이기 때문이다. 적절함을 넘어 한없이 추구하니 수단이 목적이 되어 삶이 허무하여지는 것이다.

2012년에 어떤 일이 발생할지는 알 수 없지만, 산중의 상상할 수 없는 고인돌의 발견이 가져올 변화가 그것일 수도 있지 않을까?

현대 문명에 대하여 여러 가지 분석이 가능하겠지만, 그것이 가능했던 것은 힘의 증대 때문이라 할 수 있을 것이다. 자원을 채굴하는 힘, 무거운 물건을 옮기는 힘, 들어 올려 건물 등을 쌓을 힘, 빠르게 이동할 수 있는 교통 수단의 힘, 기계 장치를 움직일 수 있게 하는 힘 등, 힘의 증대야말로 현대 문명을 가능케 한 것이다.

이 힘을 뒷받침한 것은 전기와 석유, 석탄 에너지일 것인데 전기도 석유, 석탄에서 얻는다 할 때 특히 석유가 제공하는 에너지(힘)야 말로 현대 문명을 가능케 한 힘의 원천이라 할 수 있을 것이다.

우리가 먹는 식량을 생산하는 에너지의 90%가 석유라는 기사를 본 적이 있다. 이렇게 현대 문명을 가능케 한 석유의 채굴 가능량이 40년 소비량 정도라고 한다.

이후 세대의 삶은 지금과 달라질 수밖에 없다. TV에서 방영된 호모오일리쿠스라는 가상 다큐멘터리를 보면 전쟁이 시작되는 것으로 끝이 난다.

한정된 자원을 서로 확보하려고 하니 세계 전쟁이 일어날 수밖에 없다는 결론일 것이다.

지금의 세계 경제의 흔들림도 석유 때문일 수도 있을 것이다. 경제가 조금 좋아지는 기미만 보여도 석유 가격이 급등하는 현상은 이미 석유가 부족해진 상태임을 보여준다 할 것이다. 일종의 피크오일이 아닐까.

급격한 석유의 감소는 아니지만, 성장은 이미 석유라는 에너지가 뒷받침 되지 않아 제약되는 시대일 수 있는 것이다. 성장의 끝에서 그리고 서서히 줄어드는 경제를 받아들여야 할 시대에 그것을 받아들이지 않게 되면 자원 전쟁이 시작되는 것이다.

세계적인 경제의 축소가 불가피하다면 그것을 수용하는 방법이 중요할 것이다. 지나치게 편입되는 것도 위험할 것이다. 한계에 도달한 신자유주의에 더 깊은 편입보다 물러서는 것이 필요한 시기이다.

FTA도 우리의 삶을 제약하는 위험 요인이 될 수 있다. 지리적으로 가까운 중국, 일본과의 FTA는 우리 삶에 지대한 영향을 줄 수 있는 것으로 체결되어서는 안 될 것이다. 식량 문제에 대비하는 것도 철저하게 고려하여야 할 것이다. 지금의 자급률로는 큰 혼란이 초래될 수 있는 것이다.

현재와 같은 경제 상황이 몇십 년 후에도 지속하리라는 가정 하에 이루어지는 인구 구조에 대한 분석도 지나치게 근시안적이라 할 수 있을 것이다.

석유가 40년 정도 채굴 가능하다면 다른 에너지원 등을 감안하여도 경제는 2~30년 이내에 전혀 다른 형태가 될 것인데 이런 요인을 전혀 도외시하고 분석을 하는 것이다.

막연히 과학기술의 발달에 따라 새로운 에너지가 나올 것으로 예상하고 있으나 과학기술이 에너지에 의존하여 발전한 것이지 과학기술이 석유처럼 값싼 에너지를 만든 적이 없다는 것을 고려하여야 할 것이다.

지금은 세계의 부를 끌어모으려는 자들에 의하여 시작된 신자유주의에 의해 자본 축적이 세계적으로 고도화 되어 있는 상태라 할 수 있을 것이다.

이에 대하여 다음과 같은 견해가 있다.

'지난해 전 세계 통화 거래량이 955조 달러인데 그중 파생 상품 거래가 601조 달러, 증권시장에서 거래되는 채권이나 주식이 87조 달러로 실물생산에 투입된 자금은 63조 달러밖에 안 된다. 지나친 금융 중심 경제구조를 탈피하여야 하지만 이미 너무 커져 버렸고 손을 쓰기에는 늦었다.'

(경향신문-2011년 9월 24일, 김종인 전 청와대 경제수석)

'글로벌화 된 세계금융시장은 서로 뒤엉켜 있기 때문에 언제나 잠재적인 문제를 안고 있지만 이제는 이를 통제할 수도, 되돌릴 수도 없고 조정도 불가능해졌다. 갈 데까지 가서 한 번은 겪어야 할 상황까지 왔다.' (위와 같음)

지속가능한 자본주의를 위해 처방되었던 것들이 금융이란 이름의 자본에 의해 무력화 되며 무한 경쟁을 하여야 하고 경쟁에 밀리면 사라지게 되는 사회, 여기에서 정신적인 삶을 추구하기는 난망한 일일 것이다. 이제 그 구조조차도 유지하기 어려운 상황이 도래하고 있는 것이다.

무엇을 하여야 할 것인가?

자연의 변화에 의한 것이든 석유의 부족에 따른 현대 문명의 쇠퇴에 의한 것이든 물질적 풍요의 시대가 저물어 감에 따라 많은 부분에서 문제가 발생할 것이다.

이중에 하나가 현대인의 신체적 나약함에 따른 질병의 만연 가능성이다. 현대에는 농약 · 비료에 오염된 음식, 유전자 조작된 음식, 오염된 공기 · 물, 어렸을 때부터 온갖 전자 제품에 둘러싸여 받게 되는 전자파, 이어폰사용에 따른 청각 기관의 혹사, TV · 컴퓨터 사용에 따른 시력 약화, 무엇보다 어렸을 때부터 걷거나 육체적 활동이 적어 몸이 굳어있다.

그동안 억눌려왔던 새로운 질병이 퍼지면 걷잡을 수 없게 될 수도 있는 것이다. 산중 고인돌의 드러남은 선조의 처방전이 아닐까 한다.

수련은 현대 문명의 석유와 같은 것일 수 있다. 인체의 힘인 정을 단전호흡을 통하여 충일하게 하면 앞에서 살펴본 인체의 원리에 의하여 사고 능력과 마음의 지혜가 증대하여 차원 높은 능력이 개발될 수 있는 것이다. 마치 석유란 힘이 주어져 현대 문명이 꽃피운 것과 비슷한 원리가 인체 내에서 실행되는 것이다.

'수련을 행해야 할 시점이 구체적인 이유를 가지고 다가오고 있는 것 같다. 특히 우리 민족은 고유의 수련법을 먼저 스스로부터 시행하여 세계 인류를 구하여야 할 의무가 있다는 것이다. (『삶의 길』 547P)

세계 문명의 태동 과정을 보면 우리 민족과 깊은 관련이 있는 것처럼 보인다. 이제 세계 문명의 전파 과정을 살펴보고 우리 민족이 왜 이 시점에 세계 인류를 구하는 위치에 서게 되는지를 살펴보기로 하자.

세계 문명의 전파 과정

필자는 문명사학자가 아니므로 이 글은 고인돌과 관련지을 수 있는 선에서 몇 권의 책을 참조하여 논의를 전개하기로 한다.

1. 전승으로 본 세계 문명의 전파 과정

먼저 남미 문명의 전파에 대해 살펴보자.

'잉카의 전설은 잉카 시대보다 수천 년 전의 페루에 위대한 문명이 있었다는 것을 분명히 말해준다. 그것에 의하면 문명의 창시자는 비라코차들이며 이 신비로운 존재들이 나스카의 지상 그림도 그렸다고 전해진다.'

(『신의 지문 上』 까치, 그레이엄 핸콕 62P)

'전설에 의하면 위엄이 있는 큰 몸집을 가진 백인이 갑자기 남쪽에서 출연했다. 이자는 위대한 힘을 지니고 있어서 언덕을 계곡으로 만들었고 계곡을 언덕으로 만들었다. 돌에서 물이 솟아나오게 만들었다.'

(south American My tholgy. P. 74 『신의 지문 上』67P에서 전재)

'이자는 사람들에게 어떻게 생활해야 하는지를 보여주었고 자비와 사랑이 담긴 말을 전했으며 선행을 베풀었다. 또한 서로에게 상처를 주지 않고 사랑하면서 살아야 하는 것과 자비로운 마음을 지니도록 설득했다고 한다.'

(같은 책. 『신의 지문 上』 68P에서 전재)

'그가 나타나기 전에는 사람들이 무질서하게 생활했고, 야만인처럼 벌거벗고 다녔으며, 집도 없이 동굴에서 살다가 식량이 필요한 때에는 동굴에서 멀리 떨어진 시골까지 찾아다녔다고 한다.' 같은 책. 『신의 지문 上』 70P에서 전재)

'비라코차의 생김새에 관해서는 모든 전설이 일치한다. 16세기 스페인 사람인 연대기 편찬자 후안데베탄소스는 그의 저서 '잉카족 전승대전'에 비라코차는 '턱수염을 기른 키가 큰 남자로 발뒤꿈치까지 내려오는 하얀 외투에 허리띠를 하고 있었다.'라고 기록해 놓았다.'

(같은 책. 74~76P, 『신의 지문 上』69P에서 전재)

이상의 남미문화를 보면 비라코차라는 인물이 외부에서 와서 문명을 전파하고 나중에 태평양으로 떠나갔다고 한다. 비라코차들의 외모를 묘사한 것을 보면 하얀 피부를 가졌다고 하여 백인이라고 생각되어지는데 남미인의 눈으로 볼 때 우리나라를 위시한 일부 동양인들도 하얀 피부로 보이지 않을까?

턱수염과 긴 하얀 외투는 한복 두루마기를 입은 사람을 연상케 한다. 비라코차에 대한 다음의 묘사도 있다.

「잉카 지역의 전설에 따르면 '머리카락이 적갈색인 백인이 만들었다.'라고 전하고 있다.」(Ignatius Donnelly Atlantis : The Antediluvian World, Harper & Brothers, New York. 1882, P 394. 『신의 지문 上』71 P에서 전재)

태평양으로 떠났다던가, 머리카락이 적갈색이라든가 하는 것을 보면 동양인일 가능성도 있다 할 것이다. 이것은 영국의 스톤헨지에 관한 다음의 글을 보면 그 가능성이 더욱 커짐을 알 수 있다.

'서유럽인들이 과거 역사에 대해 갖고 있는 특유의 열등감 때문이라 할 수 있다. 유럽인들의 종교, 법률, 문화적 유산, 그리고 심지어 그들이 사용하는 숫자까지도 모두 동방에서 온 것이다. 지중해 문명이 밀려들기 전에는 주민들이 모두 문맹이었으며 역사 기록도 없고 도시를 세우지도 못했다. 그들이 알몸에 색칠을 하고 머리에 곰 기름을 바르고 친척을 잡아먹는 야만인이었으리라는 것은 쉽게 상상할 수 있다.

지난 세기 유럽의 지식인들로서는 이 원시 조상이 스톤 헨지의 상인방(上引枋)이나 아일랜드 보인 계곡에 있는 분묘의 캔틸레버식 덮개와 같은 것을 설계하고 짓는 일은 고사하고 그런 위업을 구상할 수 있었으리라고도 상상할 수 없었다. 따라서 보다 문명된 외래인들이 원주민들을 지도 또는 감독하여 이러한 건설공사를 하도록 했다고 생각했던 것이다.

(「세계의 마지막 불가사의」 로버트워닉, 리더스다이제스트 67P)

위의 글을 보면 서유럽의 고대 거석문화가 외부에서 유입되었음을 짐작할 수 있다.

이집트를 보자.

'오시리스는 특징적인 턱수염을 기른 신으로서 비라코차와 매우 비슷하다. '오시리스도 이집트인들에게 식인 풍습을 금지시키고 농업을 가르쳤으며 가축사육과 문자, 건축, 음악을 비롯한 예술을 가르쳐 주었다.

(예를 들면 The Egyptian Book of the Dead, Introduction, P. XLIX: Osiris And The Egyptian Resurrection, volume Ⅱ, PP, Ⅰ－Ⅱ. 『신의 지문 下』461P에서 전재)

'신대륙과 구대륙의 전승이 서로 비슷하다는 것은 이미 눈치 채고 있었지만 어떻게 해석해야 하는지가 어려웠다. 단순히 우연히 중첩된 결과라고도 말 할 수 있다. 그러나 한편으로는 아직 발견되지 않은 태고의 문명이 쌍방에 남긴 지문이라고도 말할 수 있다.' (『신의 지문 下』 461P

이상을 보면 남미와 비슷한 형태로 이집트에도 문명이 외부에서 전해졌음을 알 수 있다.

2. 언어로 본 세계 문명

"세계 학계는 인도 유럽의 언어를 범어(산스크리트어)에서 파생되어 진화 되었다고 보고 있다. 범어(산스크리트어)가 동서 언어의 뿌리라는 것이 학계의 정설이라고 한다." (「고인돌의 비밀」 거근당, 박인수 278P)

"18세기 언어학자 존스에 의하면 범어는 그리스어보다 정확하고 라틴어보다 어휘가 풍부하며 사상적으로 매우 승화된 언어라고 말하였다. 그리고 범어를 사용하는 종족은 지구상에서 사라져 버렸다는 것이 학계의 정설이라고 했다." (앞의 책 279P)

"그런데 강상원 박사는 우리의 전통 토속어(사투리)가 왕손 정통어요, 범어의 원조가 되는 실담어임을 여러 권의 저서로 밝히고 있다."

(앞의 책 274P)

"범어 사전을 보면서 우리말 고어와 우리 토속 사투리의 음과 뜻이 범어와 일치하는 것을 확인할 수 있었다. 너무나 똑같았다. 그래서 우리 토

속 사투리가 범어의 줄기요, 뿌리임을 학문적으로 확증하였다."(강상원 박사)

(앞의 책 262P)

"우리의 고어와 토속 사투리가 동서 문명의 뿌리이다."(강상원 박사)

(앞의 책 278P)

책 「고인돌의 비밀」에는 이에 대하여 많은 예를 들고 있다. (261~291P) 쉽게 알 수 있는 몇 가지만 보기로 하자.

우르(UR): 수메르인이 최초로 세운 국가→ 우리.

마우리(MAURI)족: 마(MA)는 모인다. 모으다의 뜻. 우리(URI)는 마을을 의미.

라틴어(Scio): 스친다. 깨닫다의 뜻. 영어의 Science(과학)가 되었다.

라틴어(messume): 우리말의 머슴과 뜻이 같다.

라틴어(loco): 노코, 놓고의 뜻.

할렐루야: 실담어로 헬렐레(hellele)의 뜻으로 여자들이 엉덩이를 흔들며 즐거워하는 모습을 나타내는 말이다.

도깨비: 산스크리트어로 깨비(kavi)는 사색가, 현자의 뜻. 도깨비는 깨달은 사람! 즉 도인이 된다.

배달(veda-artha)민족: 도통자(道通者)들의 혈통을 이어받은 민족이다. 즉 지혜롭고 통찰력 있는 신성한 왕족의 후예들을 의미한다.

이상의 주장들이 사실로 증명이 된다면 세계 문명이 동이족에서 태동하여 세계로 전파되었다는 확실한 증거가 될 것이다.

3. 고인돌로 본 세계 문명

앞에서 남미에 문명을 전파한 비라코차들이 언덕을 계곡으로 만들었고 계곡을 언덕으로 만들었다는 것을 보았다.

이는 우리나라에서 행해진 산중 고인돌을 만든 것과 비슷한 능력으로 우리는 어떤 사람들에 의하여 이러한 일들이 가능하였는지 알 수 있었으나 남미의 경우 전혀 알 수 없는 일이 된다.

남미에도 쌓아 올린 건축물 유적 외에 산중 고인돌이 있을까? 있다면 이는 남미의 문명을 전파한 비라코차들이 우리의 선조인 도인들임을 짐작할 수 있게 해준다 할 것이다.

잉카의 대표적인 유적지인 마추픽추를 보자.

'놀랍게도 산 정상으로부터 수십 미터 아랫부분이 수평으로 깎여 있었다. 누군가가 그곳까지 올라가서 낭떠러지 가까운 곳에 우아한 정원을 만들어 놓은 것이다. (「신의 지문 上」 81P)

신의 지문의 저자가 보기에 산이 깎여 있음이 분명해 보였다는 것을 알 수 있다. 마추픽추의 모습을 보면 동물 형상이 좌측으로 뒤를 돌아보고 있는 모습임을 알 수 있다.

사진에서 동그라미 부분이 눈 역할을 하는 것을 알 수 있다.

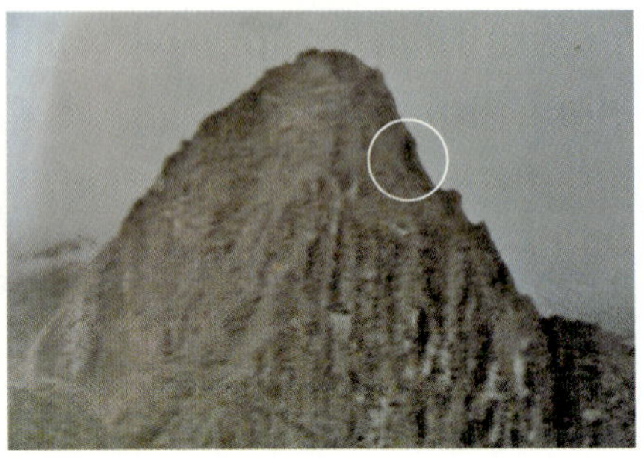

우연히 눈 형태를 갖춘 것은 아닐까?

주위의 다른 곳을 보자. 산 사이에 베일로 코까지 가린 여인이 앉은 자세로 우측 위쪽을 바라보고 있다. 눈이 선명하다.

이렇게 산에 새겨진 생명상은 마추픽추가 사람에 의하여 다듬어져 있음을 보여주고 있고, 그 방식의 유사성을 감안할 때 남미 문명이 우리 민족에 의하여 전파된 것임을 보여주고 있다 할 것이다.

나스카의 그림을 보자.

많은 형상이 그려져 있고 이들은 비행기로 공중에서 봐야만 알아볼 수 있는 거대한 크기라고 한다. 땅에서는 선으로밖에 보이지 않는 것이다.

새나 동물 형상과 더불어 수많은 선과 도형들이 그려져 있다.

인간의 힘으로는 도저히 만들 수 없는 것처럼 보이기 때문에 아마 외계인의 작품일 것이라는 추론이 부단히 제기되어 왔을 것이다.

(「나스카 유적의 비밀」 푸른역사, 카르멘 로르바흐. 132P)

책 「나스카 유적의 비밀」을 보다가 사진 하나를 보게 되었다. 고래를 그린 그림이었다. 나중에 인터넷에서 보아도 고래 그림을 찍은 사진은 대부분 고래에 초점을 맞춰 사진을 찍게 되고, 이 책에 실린 사진처럼 상대적으로 고래 그림을 작게 하고 주위까지 넓게 찍은 사진은 찾아볼 수 없었다.

그런데 이 사진은 촬영자가 의도하여 찍었는지 우연히 찍었는지 알 수 없으나 큰 새 한 마리가 사진을 가득 채우고 있다.(설명 사진①)

설명 사진의 ②는 목선이 될 것이다.

이 새 형상의 눈은 어디일까?

설명 사진의 ③이 눈임을 알 수 있다.

그런데 ④번의 선을 부리의 선이라 보면 ⑤번이 눈의 역할을 하고 있음을 볼 수 있다.

즉 하나의 새 그림이 두 개의 생명상을 포함하고 있는 것이다.
③번의 눈 역할을 하는 곳은 물이 흐른 곳에 생긴 자연 지물을 이용하였고 ⑤번 눈은 돌을 모아서 눈 역할을 한 것 같다.

이렇게 하나의 형태에 두 가지 생명상을 표현하는 것은 우리나라 고인

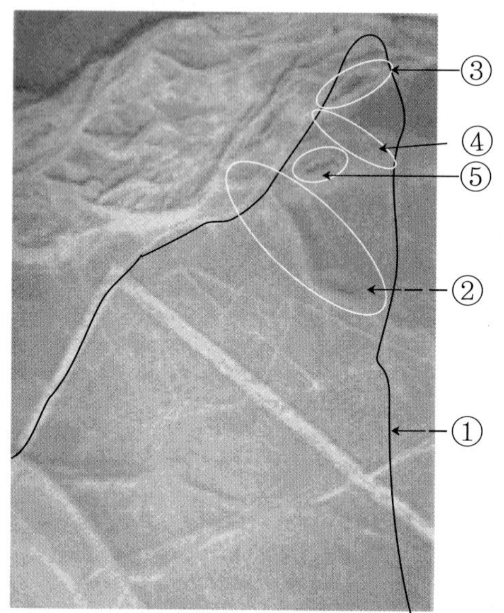

(사진 제공: 도서출판, 푸른역사)

돌에서 많이 보았던 형태이다. 그것이 나스카의 그림에 응용되고 있는 것이다. 우리나라 고인돌과 밀접한 관련이 있음을 알 수 있다.

유럽의 알프스에 있는 마터호른을 보면 앞이 깎이어 얼굴 형상을 만들고 그 뒤쪽은 둥글게 머리 모양을 형성하여 한 마리 야수의 모습을 만들고 있다. 특히 구름에 에워싸여진 산을 보면 울부짖는 야수 모습 그대로이다.

사진으로 본 마터호른에는 눈이 뚜렷이 보이고 있었다. 사진을 구하지는 못하였지만, 마터호른도 고인돌임이 분명하였다.

처음에는 보이지 않던 세계의 고인돌이 사진을 통하여 무수히 보이고 있다. 북미에서도 산을 깎아 조성된 많은 고인돌들이 보이고 있다. 규모는 대규모적이며 자연적인 풍화작용과 조성된 고인돌과의 구별은 분명치 않다.

아치스 국립공원을 보기로 하자.

(사진 제공: 블로그 별미네 여행-blog.naver.com/hughfeliz)

큰 아치의 우측 중간쯤을 보면 생명상임을 금방 알 수 있다. 즉 고인돌인 것이다.

좌측을 머리로 우측을 몸으로 한 생명상이다.

아치의 구멍은 몸과 하체를 만드는 역할을 하고 있다.

사진을 떨어트려 줍다가 우연하게 본 모습,
구멍이 눈의 역할을 하고 있고
머리 역할을 하였던 곳이 입의 역할을 하고 있다.

바위가 반듯하게 깎여 있는데 그곳에 새겨진 사람의 모습, 얼굴 모습이 선명하다.

북미의 다른 곳에서도 생명상들이 보인다. 북미의 신비한 풍광들이 모두 사람에 의하여 다듬어진 것은 아니겠지만 많은 부분이 사람에 의한 것임을 알 수 있다.

브라질의 리우데자네이루의 일명 설탕산도 고개를 하늘로 쳐든 생명상의 모습이다.

항구에서 바다 쪽으로 봤을 때 왼쪽 중간쯤에 눈이 보인다. 전형적인 생명상의 고인돌임을 알 수 있다.(사진 판독)

남미의 세로피츠로이도 생명상의 모습으로 사람에 의하여 다듬어진 고인돌일 가능성이 크다. 사진은 못 구했지만, 호주의 울룰루는 뚜렷한 생명상이 보이고 있어 고인돌이 확실해 보였다.

사진으로 본 독일의 하르츠에는 '모서리가 둥글게 다듬어진 화강암 덩어리들이 독일의 이 산맥의 산등성이에 무질서하게 쌓여 있어.' (「세계의 절경」, 동아출판사 160P) 라고 되어 있듯이 자연스러운 모습이 아닌데 우리나라의 마니산에도 곳곳에 화강암들이 쌓여 있는 것을 보았었는데 이와 비슷한 현상인 것 같다.(사진 판독)

프랑스 에트르타 절벽엔 아치가 파인 곳이 있는데 전체 모습이 한 마리의 말이 물을 먹는 듯한 모습이다. 눈도 확실하여 고인돌임을 알 수 있다.

책 「고인돌의 비밀」에 타림분지가 고인돌이라 추측하고 있다. 그런가 하여 찾아보아도 눈이 잘 보이지 않았다.

전체적으로 물고기 모양이라 할 수 있고 왼쪽이 물고기의 머리 모양으로 생기기는 하였으나 확실하지 않았다. 그러다가 타림분지 사진 중 가려진 곳이 없는 사진을 보고 또 한 번 놀라게 된다.

타림분지의 물고기 모양의 꼬리 부분에 해당하는 우측에 눈과 입을 벌리고 있는 생명상이 뚜렷하게 보이는 것이었다.

관악산에서 봤던 입을 벌리고 있는 형상들처럼 작은 악어가 입을 벌리고 있는 듯한 모습이었다.

좌측의 물고기 머리 부분에 해당하는 곳도 자세히 보니 눈이 보인다. 다른 사진에서 보니 눈을 형성하는 곳이 오아시스인 듯하다. 강이 흘러 물고기의 아가미 부분을 만들고 있다.

「고인돌의 비밀」의 저자는 타림분지가 고인돌일 것이라는 생각을 어떻게 하게 되었을까. 놀라운 혜안이 아닐 수 없다.

나스카의 그림을 비행기에서 봐야 했다면 타림분지는 위성에서 보아야 알 수 있는데 타림분지가 고인돌이라는 것은 무엇을 의미하는가?

이상의 논의를 보면 인류 문명이 우리 민족에서 시작되어 전파된 것이라 짐작할 수 있다. 이것은 우리 민족이 세계 인류를 구하는 위치에 서야 하는 단순하고도 당연한 이유가 아닐까?

'처음 그날이 다시 오고 있다. (「고인돌의 비밀」 3P)

우리 민족이 또다시 위기의 세계 문명에 길을 제시하고 빛을 보여주어야 하는 시점이 오고 있는 것이 아닐까 한다. 이를 잘 보여주고 있는 국선도의 도가를 보자.

도심가

1.

억조창생 구제길에 선도대법 나왔으니
금수강산 백의민족 수도정심 어서갖세
삼단정기 수련하면 자아완성 물론이요
선도원법 깨달아서 구활창생 하리로다

2.

현묘지도 금수강산 동방신선 예의국에
우주도원 하강하여 구활진리 선언하니
삼계일체 대천국은 순식간에 될것이요
수도자의 도력법은 영세무궁 빛이나리

3.
우리시조 광명도덕 우주내에 밝혀보세
자자손손 계계승승 영화번영 안겨주며
선도원의 무극진리 우주내를 한집하고
양생지도 조화선경 지상천국 만든다네

종교와 국선도

문명이 발달함에 따라 종교가 생성되었다 할 때 문명의 흐름과 종교가 무관할 수는 없을 것이다. 과학이 발달하고 종교의 생성 과정 등이 점차 밝혀지면서 서유럽 등에서 크게 쇠퇴한 기독교가 우리나라에서는 활성화되어 있고 불교의 인구도 많다.

기독교와 불교는 결국 고향으로 돌아온 것이 아닐까?

불교가 토착화하면서 우리의 고유 사상을 많이 수용하고 있음을 앞에서 보았다. 그런데 불교의 발생 자체가 우리나라에서라는 논문이 있다.

'석가세존이 우리나라 백두산 신시에서 6년간 수도 고행성도 하였다고 결론을 내릴 수 있고 나아가서 석가 불교는 근본적으로 상고시대 우리나라의 고불교(古佛教)인 신선도에 발생학적 배경을 두고 있다고 강력히 추정된다.'

(「석가세존은 단군의 후예다」 삼양출판사 안창범. 59~60P)

'백두산(흰마리산)+야(조사)→ 히마리야산' (위의 책 45P)

'여기에서 원시 대승경의 범서는 상고시대 우리 민족의 범서라는 사실이 다시 확인되는 것이며 대승경은 상고시대의 우리나라 고조선에서 인도로 전승

된 신선도의 경전이라는 사실이 증명되었다고 할 수 있다.' (앞의 책 120P)

'내가 오랜 세월 법화경을 영역하다가 불교 용어가 대부분 우리말 사투리와 고어라는 사실을 알고 충격을 받았다.' (강상원 박사) (「고인돌의 비밀」 263P)

불교 이전에 우리나라에 고불교, 신선도 등으로 불리는 오랜 도가 있었으며, 불교가 여기에서 탄생하여 석가모니가 인도에서 45년간 중생을 교화하였고, 나중에 용수에 의하여 대승경전이 인도로 전파되었는데, 그 대승경전이 우리나라의 신선도 경전이었다는 내용이다. 그 불교가 다시 우리나라에 역수입되었고 그 과정에서 다시 토착화의 과정을 거쳤다고 할 수 있는 것이다.

유교를 살펴보면, 공자는 동이족 사람으로 동이에 가서 살고 싶다고 하였다는 것은 널리 알려진 이야기다. 유교는 공자가 그 선대의 사상 즉 동이족인 요, 순의 사상을 계승하여 집대성하고 발전시킨 것이다.[주1)]

기독교가 우리나라에 전파될 때 신의 이름을 하느님이라 한 것은 보급의 편의성 때문이기도 하겠지만, 전래의 하느님 사상과 기독교의 신의 사상이 비슷하였기 때문이 아닐까 한다.

성경에 말씀으로 만물을 창조하였다 한다. 말씀은 파동이라 할 수 있는데 파동은 입자와 같다는 것이 현대 과학에 의하여 증명되었다.

주 1)
「석가세존은 단군의 후예다」 P13에서 전재

ㄱ. 김학주, 「공자의 생애와 사상」 서울, 태양문화사, 1978, P21에 의하면 은 · 송 왕실은 공자의 조상이라 하였다

ㄴ. 안호상, 「동아문화의 창조자」, 서울 배영출판사, 1977, P160, 163, 170, 172, 179에 중국유교를 개창한 요 · 순 · 우 · 탕 · 문 · 무는 동이족임을 밝히고 있다.

즉 허공에서 물질이 생겨났고 허공과 물질이 다르지 않다는 색즉시공 공즉시색처럼 기독교도 말씀이라는 파동 즉 허공에서 만물이 생겨났다는 것이다.

우리 사상인 일기(一氣)에서 만물이 생성되었다는 것과 같은 것이라 할 수 있어 결국 불교, 기독교가 우리의 사상과 같은 것임을 알 수 있고 현대과학이 이를 입증하였다 할 수 있을 것이다.

사람을 하느님의 형상대로 만들었다고 한다.

하느님의 형상대로 사람을 만들었다고 하니 사람의 모양처럼 하느님이 생겨야 한다고 생각하는 사람들이 있다. 성경에 하느님은 '영이시다' 라고 되어 있으니 이때의 형상은 육체적인 형상이 아닌 영적인 형상으로서 사람이 영적인 존재라는 것을 말하고 있다고 보아야 할 것이다.

그러나 사람은 영적인 존재인 동시에 몸을 가진 존재이므로 영인 하느님과 달리 육체적인 한계와, 육체적인 욕망이 따르게 되고 그에 따라 고통도 따르게 된다.

동시에 미약한 영적 존재가 육체가 없으면 흩어지기 쉬운데 육체에 의존하여 활동성을 가지고 진화할 기회가 된다 할 것이다.

우리말에 '개똥밭에 굴러도 저승보다 이승이 낫다.' 라는 말이 이런 것을 말하는 것은 아닐까? 몸을 가지고 있는 상황이 고통을 주는 게 많고 불편하여도 몸이 있어야 영적인 진화에 필요한 수련을 할 수 있다는 것이다. 불교에서 '사람 몸 받기 어려우니 받았을 때 부지런히 수행하라.' 는 것도 같은 내용일 것이다.

사람이 하느님처럼 영적인 존재라는 것은 불교에서 모든 사람이 부처가 될 수 있는 불성이 있다고 하는 것과 같은 내용일 것이다. 불교의 수행과 우리도의 수행, 기독교의 영적 진화 추구는 모두 같은 것임을 알 수 있다.

이와 같은 유사성 때문에, 그리고 하늘이라는 용어는 신과 관련이 없는 단어이므로 기독교의 신을 가리키는 용어로 문제가 되지 않았을 것이다. 이에 따라 우리나라의 기독교는 토착화 과정에서 전래의 하느님 사상을 크게 수용하고 있다 할 것이다.

예수는 제자들에게 '내가 행하는 것은 너희도 할 수 있다.' 하였다 한다.

또 나를 따르려면 부모형제를 모두 버리고 와야 한다고 하였다 한다. 이는 예수가 수행하는 체제를 갖추려 했다는 것을 보여준다 할 것이다. 믿음의 종교라면 가족을 떠나와야 할 이유가 없을 것이다.

인도식의 수행 단체일 가능성이 있는 것이다. 수련 문화가 없는 곳에서 받아들여지기 어려웠을 것이고 결국 종교화를 통해 서구를 제도한 것은 아닐까.

'로마로 간다.'는 말의 의미이고 이후 유럽의 기독교를 감안하면 서구를 제도하는 데 성공하였다고 볼 수 있을 것이다.

그러나 이제 기독교는 서구인들을 더는 감동을 주지 못하고 있는 것이 아닐까? 기독교 자체의 원인도 있을 것이지만 종교 혁명 등의 과정을 통하여 물질적 추구를 양보하다가 결국, 물질문명에 힘을 잃었다고 할 수 있을 것이다.

이에 더하여 이제 수행의 시대로의 전환도 생각 할 수 있을 것이다.

아놀드 토인비는 20세기에 가장 중요한 사건이 무엇이라 생각하느냐는 질문에 '동양의 불교가 서양으로 건너와 기독교를 대체하는 일이지요.' 라고 대답하였다고 한다. 이제 믿음의 종교에서 수행의 시대로 넘어가고 있음을 알 수 있게 해준다.

남미의 유적에 기독교의 십자가와 비슷한 문양이 있다고 한다.

'이상하게도 마술사의 피라미드가 건축된 것은 스페인 정복자들이 찾아오기 몇백 년 전인데, 모자이크 모양 속에 가장 자주 나타나는 상징은 기독교의 십자가와 그 모양이 비슷하다. 확실히 기독교의 십자가라고 말할 수 있는 것도 두 종류가 있다. 하나는 12세기에서 13세기에 조직된 성당 기사단과 십자군 병사들이 즐겨 사용한 끝이 넓은 십자가이고, 다른 하나는 X형의 성 안드레 십자가이다. (「신의 지문 上」 195P)

'라벤타의 올멕 조각 뱀 속의 남자에도 두 개의 성 안드레 십자가가 새겨져 있었다. 물론 그리스도의 탄생보다 훨씬 전에 조각된 것이다.'

(「신의 지문 上」 196P)

'특히 주목해야 할 것은 턱수염을 기른 남자나 깃털 달린 뱀 그리고 십자가는 언제 어디서나 높은 기술을 가진 미지의 문명이 미개의 문명과 만나는 장면에서 등장한다는 사실이다. ' (「신의 지문 上」 196~197P)

십자가 문양은 음양부호가 아니었을까?

책 「고인돌의 비밀」에 인수봉에 十자형으로 새겨진 무늬가 음양부호 일 것이라 하고 있다.

이와 비슷한 문양이 몇 군데 더 있다.

만장봉의 입 역할을 하는 곳을 보면 十자형의 무늬이다. 산을 깎은 곳에 새겼다는 점에서 인수봉에 새겨진 형태와 비슷하다.

속리산 문장대에도
십자형 무늬가 있다.

설악산의 바위에 새겨진 십자형 무늬이다.

이상의 十자 무늬에서 보듯이 문명의 전파 과정에서 우리 전래의 음양 사상이 함께 전파된 것으로 추정해 볼 수 있지 않을까 한다. 기독교 십자가도 사형 도구로서 십자가만이 아니라 이런 의미도 있는 것은 아닐까?

외국에서 종교 간 싸움이 잦은데 종교 싸움만은 적다는 생각이며 민족과 종족에 따라 종교가 다르고 따라서 민족 · 종족 간의 싸움의 의미가 크지 않나 한다.

우리나라에서 종교 간 싸움이 없는 것은 민족이 같아서 일 것이다. 또한 가르침에 있어서 다르지 않다고 볼 수 있기 때문이 아닐까? 가르침보다 외향을 중시하면 종교가 다르다고 싸울 수 있으나 우리 민족의 정서 속에 남아 있는 오래된 도의 심성은 그 가르침에 주목하고 그것이 다르지 않음을 알고 있다는 것을 보여준다 할 것이다.

국선도는 우리 민족 고유의 사상이며 수련 체계이다. 종교가 일상과 구분되지 않았던 시절이 있었겠지만, 현대의 개념으로 볼 때 국선도는 종교가 될 수 없다. 첫째, 모시는 신이 없기 때문이다.

스승과 제자 간에 전수되어 왔고, 스승이 계시므로 제자가 스스로를 크게 내세우기도 어려울 것이다. 즉 교주가 나타나기 어려운 것이다.

국선도는 앞에서 살펴본 인체의 원리, 즉 정기 신의 원리를 적용하여 우주의 기운을 충실하게 받아들이려는 것이라 할 수 있다.

이것은 일종의 자연에서의 발견이라 할 수 있을 것이다. 이미 존재하던 전기를 발견하여 활용하듯이 이미 주어져 있는 기운을 활용하는 법을 발견하여 효용을 얻는 것이라 할 수 있다.

몸으로 실행하고 몸으로 체득하는 수련이며 여기에 종교가 개입할 여지가 없다.

그런데 수련 단체가 종교화하기 쉬운 것도 사실이다. 즉 사이비 수련단체가 사익을 취하기 위하여 종교의 형태로 나아가며 교주가 등장할 수 있는 것인데 그 이유를 살펴보면,

첫째, 교리를 세우기 쉬워서 일 것이다.
세상에는 온갖 종교, 사상이 있어 여기에서 좋은 말 등을 뽑아 그럴듯하게 꾸밀 수 있기 때문이다.

둘째, 사람의 욕심이나 약한 점 등을 파고들기 때문이다.

셋째, 수련만의 특징적인 것으로 수련의 효과를 보기 때문이다. 이것은 두 가지 경우로 생각할 수 있는데 어떤 사람이 수련하여 능력을 갖추게 되고 이를 드러낼 때 사람들은 혹하기 쉽고, 또 스스로 수련하여 효과를 볼 때 조건없는 믿음을 보일 수 있다는 것이다.

사이비 수련 단체가 등장하지 못하도록 타인의 능력을 따르려 하기보다 스스로 더욱 수행하려 하여야 하며, 수행의 효과를 본다 하여도 주의 깊게 수련 단체를 살피는 일을 게을리하여서는 안 될 것이다.

수련의 사회적 조건

1. 현대인의 수련 환경

수련에 많은 사람이 뜻을 두게 된다 하여도 당장 크게 변하는 것은 없을 것이다. 현대의 삶의 양태가 크게 변하지 않는 한 당장 삶을 영위하여 가는 것이 중요하기 때문이다.

'오늘날 우리 주변의 모든 여건을 살펴볼 때 하늘을 거역하고 내 몸을 돌볼 겨를이 없는 지경에 처하여있다.' (「삶의 길」 546P)

1974년에 발간된 책에 청산선사가 이처럼 탄식하고 있으니 지금의 상황이 어떨지는 미뤄 짐작할 수 있다.

지금의 어른 세대가 수련의 효과를 보기 위해서는 일하고 남는 시간 중 많은 시간을 수련하는데 들여야 하는데 그렇게 하려면 지금껏 누려왔던 취미나 유흥, 게으름 등을 포기하여야 할 것이다.

과연 그러기가 쉬운 일일까?

문제는 수련의 효과일 것이다. 사회에서 짧은 시간을 수련하여도 효과를 볼 수 있느냐 하는 것이다. 이는 지금껏 국선도가 사회에서 45년가량 보급을 해 왔는데 그동안 수련한 사람들이 얼마나 효과를 보았는가를 살펴보면 어느 정도 알 수 있을 것이다.

초창기 청산선사님의 지도를 받은 연세 드신 분 중에도 큰 효과를 보신 분들이 다수 계셨다고 한다. 국선도가 사회에 자리를 잡을 수 있었던 이유이다.

그러나

'누구나 들어와 모든 병을 버리고 안락한 생활을 하기 간절히 바란다. 몰라서 못하고 또 들어왔다가는 인내력이 부족하여 조금 하다 그만두는 것을 볼 때 안타까울 뿐이다. (「삶의 길」 101P)

이처럼 큰 흐름으로 접근하는 사람들이 적다는 것이 문제이다. 대우주와 하나 되는 수련이란 믿음을 가지고 접근한다면 수련의 효과가 달라질 것인데 한 번 해보자는 마음으로는 잡념을 이겨나가기 어렵고 마음이 집중되지 않아 기운이 모이지 않고 수련의 효과가 쉽게 나타나지 않는 것이다.

산중에서의 수련은 짐작하건대 강력한 고행으로 접근하여 가는 것 같다. 강력한 고행과 생식 등으로 잡념의 싹을 끊고 마음을 정화한 후 수련이 시작되지 않나 짐작된다.

가령 계절에 상관없이 바위 위에서 온종일 내려오지 못하고 앉아있어야 하는 것으로 이때 그 고통은 말로 다 할 수 없을 것이다.

다음은 13세에 입산하신 청산선사가 스승에게 지도받는 내용이다.

'생식(生食)에 자신이 생겼나? 여기 정좌(正座)하고 눈감고 가만히 앉아 있는 거야. 아무 생각 말고, 마음이 완전히 비워져야 다른 무엇이 들어갈 거 아니야. 잡념이 시시각각으로 마음에 떠오르면 아직 멀었어. 부모 생각, 세상 생각, 허연 밥 생각, 따뜻한 이불 생각, 돈 생각, 집 생각, 그런 거 마음에 머물러 있으면 안 되는 거야. 공부는 그런 거 없이 하는 공부가 첫째야. 道는 무슨 道던지 허심(虛心)과 공심(空心)에서 출발하는 거야. 그리고 네 생각 네 판단 네 고집 같은 네 모든 것도 다 없어져야 해. 그런 후에야 하늘의 法이 네게 들어오게 되는 법이거든. 아무 소리 말고 눈감고 고요히 앉아 있어. 때가 되면 내가 알아서 모든 것을 가르쳐 줄 테니까.'

(「흰구름 걷히면 청산이거늘」붉문화연구소 115P)

'진기단법의 수련은 만 2년이라는 세월의 고행이었습니다. 아마 보통 사람은 그 고행을 단 하루도 견디어 낼 수 없었을 것입니다.' (위의 책 126P)

'스스로 생각해보아도 내가 겪은 고행은 그야말로 인간의 의지 이상의 것이라고 느낄 때가 많았지요. (위의 책 130P)

잡념은 최근의 일상생활에서 가장 크게 발생하는 것 같다. 그리고 그 일상생활의 경험이 과거의 어떤 기억을 살려내 다시 잡념의 원인이 되는 것이다. 강력한 고행과 더불어 일상생활에서 분리되는 시간을 통해 잡념을 버리게 되고 그다음에 본격 수련에 들어가는 과정이 산중수련이 아닐까 한다.

사회에서의 수련과 차원이 다른 접근이다. 사회생활과 가정생활. 지인과의 관계 등 온갖 잡념의 요인에 묶여 사는 현대인이 수련의 출발점인 고요를 유지하기 어려운 것이 사실일 것이다.

겉은 고요히 앉아 있는 듯하나 속은 온갖 사념으로 전혀 고요하지 않은 것이 일반 사회인의 수행의 실제 상황이다. 신문에서 본 유럽의 가톨릭 수도원의 수행 신부가 한 말이 기억에 남는다.

'하느님의 말씀은 너무 작아 잘 들리지 않는다. 침묵으로 고요를 지킬 때에만 들을 수 있다.'

이때 듣는다는 것은 귀로 듣는 것은 아닐 것이며 직접 접한다고 보아야 하지 않을까 한다.

여유가 없는 현대인에게 깊은 수련을 요구하는 것은 무리일 것이다.

소수의 지극한 믿음을 가진 사람 외에는 몸과 마음의 건강을 위하여 부담 없이 접근하는 것이 맞을 것이다. 이것만으로도 그 방법의 효율성으로 인해 건강에 큰 도움을 받을 것이다.

2. 어린이 수련

수련은 일정한 시간을 필요로 하므로 시간이 있는 어릴 때 시작하는 것이 필요하다.

어릴 때는 생각이 복잡하지 않아 잡념이 적기도 하다. 이점은 청소년들도 비슷하다고 할 수 있을 것이다. 성인과 청소년의 가장 큰 분기점은 생업에 뛰어들어 돈을 버느냐 아니냐의 차이인 것 같다.

흔히 청소년들이 세상을 모두 아는 듯이 이야기하지만 돈을 벌어야 하는 상황과 아닐 때는 전혀 다른 세상이라고 보아야 할 것이다.

돈을 벌기 전에는 온갖 자존심을 세울 수 있지만, 돈을 벌어야 할 때는 모든 자존심을 죽여야 한다. 장사 해 보려고 여러 가지 검토하여 보아도 할 만한 것이 없다고 하는 것처럼, 세상을 살아가기 위하여 할 수 있는 범위 내의 모든 가능성에 관하여 연구하여야 하는 것이 성인이라 할 것이다.

이렇게 매사에 돈벌이가 되는가를 연구하는 성인이 수련 시 잡념이 없을 수 없는 것이다. 성인이 되기 전에 수련하여야 할 필요성이 있다 할 것이다.

문제는 부모들이 해보지 않아 수련의 효과를 확신하지 못한다는 데 있다.

산중 고행을 하지 않더라도 사회에서 큰 효과를 볼 수 있을까?

결론은 가능하다는 것이다.

'본래 밝받는 도는 오랜 세월을 꾸준히 닦으면 무엇이나 다 되는 것이나, 만백성의 고통이 심하니 태자께서는 고생이 되겠지만 빠른 법으로 모두를 익혀야 하겠는데 견디어 내겠습니까.' (삶의 길 358P)

차츰 어린이들이 수련하여 성장하게 될 때, 사회에서도 본격적으로 수련의 성과가 나타나고 그들에 의해 사회가 변하게 될 것이다.

어린이들의 수련과 관련하여 첨부할 것은 수련의 분위기는 어느 정도 엄숙하여야 한다는 것이며, 어린이들은 기본적으로 장난꾸러기이므로 통제가 필요하다는 것이다.

과거의 회초리 문화에 대하여 요즘 너무 반대로 가는 것이 아닐까. 아동심리학자들이 스스로 입지를 위해 지나치게 부모들이 아이들의 눈치를 보게 한 것은 아닐까? 언론은 기삿거리에 좋으니 여기에 동조하는 것은 아닐까? 어린이들은 일정 통제를 받아 나중에 스스로를 통제할 수 있어야 할 것이다. 다만 체벌은 일정한 절차를 따라야 할 것이다. 감정이 개입되기 쉽기 때문이다.

3. 민족정기

'우리나라에서 태어나 배달민족(倍達民族)의 생김새를 하고 있다고 하여 모두가 우리 겨레요, 배달민족이요, 우리나라 사람이라고 할 수 있겠는가?

우리 조상의 피를 받고 우리말을 하고 우리의 글을 쓴다고 하여 우리 민족이라고 할 수 있겠는가?

우리나라 사람이라면 우리 민족정기와 우리 민족의 혼을 이어받고 우리의 민족정기를 간직하고 이것을 잃지 말아야 참다운 우리 민족이요, 참으로 우리나라 사람인 것이다.

그러나 오늘날 이와 같은 전통적인 정신을 이어받고 또한 그 정신을 일깨워 주려는 사람이 극히 드물다.' (「국선도」 3권 20P)

'유구한 우리 민족 역사의 흐름 속에서 외래 사조(外來 思潮) 문화의 무분별한 도입으로 민족정기와 민족혼이 식어간 때는 오늘날이 가장 심하지 않은지 우리 모두 양손을 가슴에 얹고 냉정하게 다시 한 번 생각할 시기요, 각성이 절실히 요청되는 때인 것이다.' (위의 책 21P)

1985년 이전에 출판된 책이고 이때 걱정하는 바가 확대됐다고 할 때 지금은 어떨까?

이러한 상황에서 국선도 수련이 널리 행하여지기는 어려울 것이다.

내 민족을 중요시하는 것이 타민족을 배척하는 것은 아닐 것이다. 내가족을 중요시하는 것이 타 가족을 배척하는 것이 아닌 것과 같다.

장단점이 있겠지만, 민족국가를 형성하여 긴 세월을 지내와 공동체 의식이 강한 우리나라와 미국, 호주처럼 이민자들로 이루어진 나라들의 민족과 역사를 보는 관점은 차이가 있을 것이다.

오랜 역사를 가진 민족국가는 뿌리가 깊은 나무와 같아 어려움이 닥쳐도 흔들림 없이 이어져 나갈 수 있다. 석유의 고갈이나 경제의 축소 과정에서도 갈등이 최소화 할 것이다.

이와 관련하여 다음 신문의 칼럼을 보자.

다문화사회 담론의 '함정'

요즘 다문화 담론이 일종의 유행을 이루고 있다. 다문화 사회는 피할 수 없거나 이미 우리가 그렇게 되었다고 생각하는 것 같다. 그러나 우리 사회는 아직 다문화 사회가 아니다. 다문화 사회란 다양한 문화 집단이 공존하는 사회, 간단히 말해 소수 민족 집단이 존재하는 사회를 말한다. 대체로 소수 민족이나 외국인이 10% 이상 거주하는 사회를 다문화 사회라고 한다. 그러나 우리 사회에는 외국인이 2% 남짓 있고, 그 중 절반이 재중동포이다. 다른 민족 출신의 한국 국적 인은 무시할 정도이다. 우리 사회의 다문화 담론이 매우 앞서가고 있다는 증거다.

'다문화' 과장하고 환상 일으켜

더 중요한 문제는 마치 다문화 사회가 바람직한 것처럼 호도하는 데 있다. 다문화 사회가 얼마나 큰 문제에 휩싸이는지는 서유럽 국가들에서 나타난 인종 갈등과 이로 인한 다문화정책 실패 선언들을 보면 알 수 있다. 노동력이나 신붓감이 부족하여 외국인들을 영입하는 것은 필요하지만, 어느 재벌 연구소에서 주장하듯이 이를 대규모로 추진한다면 한국도 어쩔 수 없이 커다란 갈등에 직면하게 될 것이다. 한국 사회는 북한에 이어 세계에서 둘째가는 '단일 사회'다. 우리 민족이 단일민족이니 아니니 하는 논쟁이 있지만, 이는 빗나간 논쟁이다. 우리 민족의 명칭은 '한민족'이지 단일민족이 아니다. 그러나 대한민국은 한민족이라는 하나의 민족으로 구성된 '단일민족 국가'임에 틀림없다. 소수민족 집단이 존재하지 않는다는 말이다. 그 결과 우리에게 민족이나 종족 분규, 인종 갈등이 없는데, 이것이 얼마나 복 받은 일인지 안타깝게도 우리 자신은 잘 모른다.

어떻게 보면 우리의 단일사회 특성이 다문화 사회 담론에서도 그대로 나타난다고 할 수 있다. 단일사회에 대한 심정적 반작용이 다문화 상황을 과장하고 이에 대한 환상을 일으키는 것이다. 한국 사회가 단일사회라는 점은 축복도 아니고 저주도 아니다. 그러나 굳이 고르라면 나는 축복 쪽에 서겠다. 우리가 국가를 건설하고 사회경제를 발전시키는 데 단일사회의 안정과 통합성이 얼마나 도움이 되었는지를 알아야 한다.

지금의 다문화담론은 주로 외국인 노동자나 이주 여성들에 대한 온정주의적 대응이 주류를 이룬다. 그것은 중요한 문제이기는 하나 더 중요한 문제는 인구의 민족적 구성이 바뀔 때 찾아오는 구조적 갈등이다. 아직은 이런 문제가 본격화하지 않아서 다문화담론이 인기를 얻고 있는지도 모른다.

부족한 노동력 보충을 위해 외국인 노동자를 더 영입해야 할지 모른다. 그러나 그보다는 국내의 교육 및 취업 구조를 개선하도록 먼저 애써야 한다. 쉽게 말해 육체노동을 해야 할 사람은 육체노동을 해도 먹고 살만하고 농촌에서도 젊은이들이 먹고 살 만하게 만들어 주어야 한다. 그러면 노동력 부족 문제는 상당히 해소 된다. 이러한 구조 전환을 외국인 노동자 영입보다 실행하기가 더 어렵다. 그러나 동시에 훨씬 더 부작용이 작고 사회 통합에도 도움이 된다. 결국 양극화 해소, 균형 발전, 상생 전략, 이런 것들을 실효있게 추진해야 한다는 말이다.

서유럽 국가들 인종 갈등 심각

다양성은 좋지만 다양할수록 더 좋은 것은 아니다. 단일사회에서는 다양한 가치관이나 이념이 제한될 수 있고, 우리 사회에 그런 약점이 있는 것도 사실이다. 그러나 그렇다고 해서 그것을 인종 분규나 사회적 분열과 맞바꿀 수는 없다. 우리 사회가 본격적인 다문화사회가 되리라 보지는 않지만, 그런 요소는 더 많아질 것이다. 그 장점과 단점에 잘 대비하는 것이 모두의 과제이다. 우리가 외국하고 많이 교류하고 '밖으로' 열면 되지 일부러 한국 사회 '안을' 다인종, 다문화 사회로 만드는 것은 매우 위험하다는 것이 내 주장의 핵심이다.'

(경향신문, 김영명 칼럼. 2011년 3월 8일)

이와 관련하여 한 일간지에 다문화 어린이를 분리하여 교육시키는데 따라 아이들이 얼마나 상처를 받는지가 보도되었다.

우리나라에 결혼 등으로 들어와 사는 경우, 특히 아이들의 경우 하나의 문화로 동화시켜 나가야지 왜 다문화를 이야기 할까?

그것이 우리나라에서는 고통일 수도 있음을 모르는 것일까?

유구한 역사적 관점에서 민족문제를 보아야 할 것이다.

글을 마무리 할 때쯤 책『엉터리 사학자,가짜 고대사』를 읽었다. 저자의 바램처럼 대중이 모두 이를 읽고 심판관이 되어 판정을 내리기를 기원해 본다. 그래야 이 책에 실린 산중고인돌이 묻혀지지 않고 역사책에 기록될 수 있을 것 같기 때문이다.

4. 육체 노동에 대하여

수련자는 몸 움직이기를 좋아한다. 기운이 뒷받침되기 때문이다. 어린 아이들이 온종일 뛰어노는 것과 같은 원리이다.

또한 수련을 하기 위하여서는 몸을 움직여 주는 것이 반드시 필요하다.

이와 관련하여 생업으로 육체노동은 어떨까?

같은 시간이면 앉아서 근무하는 것보다 몸을 움직이는 육체노동이 수련에 도움이 되지 않을까. 지나친 장시간 노동이 아니라면 육체노동을 하는 것이 수련에 도움이 될 것이다. 요즈음 육체노동을 기피하는데 수련의 입장에서 보면 전혀 바람직한 것이 아니다.

일부러 시간을 내어 움직임을 가져야 수련에 도움이 될 것인데 생업 자체가 운동이 된다면 일거양득인 것이다. 흔히 운동과 노동은 다르다지만 수련으로 충분히 준비운동, 정리운동의 몸 풀기를 하고 호흡을 한 후 하는 노동이 운동이 되지 않을 리 없다.

육체노동은 수련에 복이 되는 것이다.

대신 사무노동자도 마찬가지이겠지만 시간을 내어 독서와 사색 등의 시간을 반드시 일정 시간 가져야 할 것이다.

5. 사회풍속에 대하여

앞에서 외래사조와 문화의 무분별한 도입으로 민족정기가 사라짐을 반성하여야 한다고 하였다. 외래사조의 대표적인 것이 성적 방종과 노출일 것이다.

정(精)을 보전하고 귀하게 여기는 것이 수련의 출발이라 할 수 있다.

극히 중요시 하여야 할 것인데 TV에서 어느 의사가 성행위를 자주 하여야 건강해진다는 미국의 연구 결과를 인용하는 것을 보았다. 그러나 그것은 반대로 해석한 것이다.

즉 돈을 많이 쓰면 부자가 될 수 있는 것이 아니라 부자라 돈을 많이 쓸 수 있는 것과 같은 것이다. 돈을 많이 쓰면 부자가 된다고 믿었을 때 어떤 결과가 초래될까?

한의학에서는 이미 알고 있는 내용인데 일체 반론이 없는 것은 왜일까. 이와 관련하여 지나친 노출에 대해 보자.

TV 개그콘서트에서 지나친 노출에 대해 '자기만족이라면 목욕탕에서 실컷 하라.' 라고 하는 것을 보았다. 보여주기 위한 것이 아니라는 것은 맞는 것이 아닐 것이다. 내면을 지향하는 사람들이 노출을 심하게 할까?

선인봉의 여성상이 다가가면 사라져 바위만 남고 멀리에서 보아야 여성상이 드러나듯이 가려진 듯 하여야 진짜 멋이 드러나는 것이 아닐까?

외적인 것에만 신경 쓰다 거대한 정신세계에 편입 될 수 있는 시간을 헛되이 보내는 결과가 초래되는 것은 아닌지 돌아보아야 할 것이다.

이와 아울러 TV는 다중이 보는 것으로 방송관계자들과 연예인들의 분

방함이 지나치게 반영되지 않도록 자제되어야 할 것이다.

여성도 수련하면 높은 경지에 다다를 수 있을까?

다음의 도화를 보자. 한번쯤 들어 봤을 것 같은 내용이다.

'공주와 결혼할 부마를 뽑는 도력 시합장에 더는 겨룰 상대가 없어 마지막 승자를 선언 하려고 할 때, 잠깐 기다리시오! 하며 한 사람이 나서는데 겨뤄보니 실력이 더 뛰어나다. 그런데 슬그머니 져주는 것이 아닌가. 그리하여 최종 승자가 결정되고, 공주의 자리를 바라보니 누가 가서 앉는데 슬그머니 져주던 그 사람이다. 남복을 벗고 보니 공주였다. 청구도사의 문하에서 수련한 나자 공주가 모든 남성을 넘어서는 도력을 성취하였다는 내용이다.' (「삶의 길」)

6. 영어에 대하여

TV에서 사회자가 인사 담당자들에 의하면, '기업에서 쓸 만한 사람이 없다고 한다. 영어만 잘한다.' 라고 이야기하는 것을 들었다. 기업에서는 기업 업무에 필요한 다양한 능력이 요구될 것인데 특정부서를 빼고 나면 업무에 영어가 필요하지 않을 것이다.

그런데 왜 선발 시험에서 모두에게 영어를 중요시하여 볼까?

기업 스스로 학생들이 영어에 매달려 다른 능력을 키우지 못하도록 만든 것은 아닐까? 다양한 분야의 공부와 독서 등을 하여야 할 때 도구에 불과한 영어를 습득하느라 시간을 다 보내고 있는 것이다.

TV 코미디프로에서 '형님을 보면 고등학교 때 배운 미적분이 생각납니다.' 하자 '내가 그렇게 고상해 보여?' 라는 대답에 '써 먹을 데가 없어.' 라고 말하는 내용이 있었다.

학교는 인성과 살아가면서 필요한 것들을 가르쳐야하지 않을까? 수학은 기본만 가르치고 관련분야 전공자들만 가르치면 될 것을 왜 난이도를 높여 모든 사람에 시험을 치르게 할까?

수학적 사고력을 이야기하는데 모든 학생이 높은 난이도의 수학적 사고력을 가질 필요는 없을 것이다. 그 시간에 독서와 운동 및 다른 분야를 공부해야 하기 때문이다.

가끔 외국여행을 가는데 영어를 못하니 불편하여 영어가 필요한 것을 실감하였다는 이야기를 듣는다. 이는 명절에 떡 방앗간이 밀리니 집에 방앗간 시설을 갖추어 놓는 게 좋겠다고 하는 것과 같지 않을까?

호주에 2년 정도 머물다 온 사람에게 영어가 늘었느냐고 물으니 '손짓발짓이면 다 되니 영어가 늘지 않더라.' 라는 이야기를 하였다.

2년을 머무는데도 불편함이 없는데 어쩌다 가는 해외여행을 위하여 많은 시간이 소요되는 영어를 하겠다는 것이 합당한 일일까? 이런 심정으로 부모들이 아이들에게 영어를 강조하고 있지는 않은가.

정작 어디에 얼마나 필요한 줄도 모르고 막연히 필요하다는 생각에 시키는 것은 아닐까? 그러나 현실적으로 대학에서 영어로만 강의를 하기도 하니 필요한 것은 맞을 것이다.

그런데 대학은 왜 영어로 강의를 하도록 할까? 교수도 답답하고 학생도 답답하여 강의 질이 떨어진다는 지적이 계속되는데도 변함이 없다.

경영학의 위기라는 말에

'게다가 우리학교(고려대) 교수들은 영어로 강의해야 한다. 학생과 교수가 모두 영어에 능통하지 않은데 심오한 학문인 경영학에 대해 영어로 의사소통을 해야 하니 서로 이해하지 못하는 경우가 다반사다. 가끔 너무 답답해 타임아웃을 외치고 5분 동안 우리말로 대화 한다. 가끔 강의시간에 유머도 넣고 싶은데 영어로 하자니 이게 안 된다. 결국 교과서 전달에만 집중하다가 하고 싶은 말은 하지 못하고 나오는 경우가 많다.'

(매일경제, 유관희 신임 한국경영학 회장, 2012년 4월 13일)

이 정도이니 지금이 더 위험하다는 이야기가 나올만한 것이다. 모든 과의 전공 공부도 마찬가지로 부실할 것이니 쓸만한 사람이 없다는 말이 나올 수 밖에 없고, 청년의 고용을 기피하게 될 것이다.

교수가 대학 강의 방식을 결정하는 것이 아니라면 그 외에 누가 그 일을 하고 있는 것일까?

필요한 분야와 정도가 명확히 정해지고 거기에 필요한 정도의 노력과 시간이 투여되는 것이 합리성이 아닐까.

신문에서 보니 거의 완벽하게 통역을 해주는 휴대용 기기도 곧 등장할 것 같다. 더더욱 불필요한 시간 투입이 될 수 있는 것이다.

영어를 잘 해야 경제가 산다는 것도 근거가 없기는 마찬가지다. 어느 교수가 말하기를 '아시아에서 영어를 제일 잘하는 나라 P국, 제일 못하는 나라 J국, 1인당 경제소득으로 볼 때 제일 잘사는 나라 J국, 제일 못사는 나라 P국.' 하는 것처럼 영어를 잘해야 경제가 잘 된다는 것도 맞는 이야기가 아니라는 것이다.

우리나라도 어글리 코리안, 즉 공항에서 화투치고 영어는 한 마디도 못하던 지금의 노인세대가 경제를 이렇게 성장시켰다는 외국인의 기사를 본 적이 있다.

경제를 성장시킨 것은 우리도 한 번 잘살아보자는 정신에 있었다는 것이며 결국, 우리나라의 공동체 의식과 해보자는 의지의 결합이 경제성장의 힘이라는 것이다.

지금은 어떨까? 모두들 세련되고 영어는 모두 한 마디씩 하게 되었지만 그 반대급부로 정신이 헤이하여지고 있는 것이 아닌가! 즉 잘 사는데 필요하다던 영어가 반대로 작용하고 있지는 않은지 고민하여야 할 것이다. 주체성을 잃으면 사상누각이 된다는 것이다.

많은 사람이 영어를 잘 한다고 하지만 정작 깊은 영어를 하는 사람은 많지 않은 것 같다. 국제 조약 등에 잘못된 번역이 자주 등장하는 것을 보면 알 수 있다. 다른 업무를 하면서 영어까지 완벽하게 할 수는 없을 것인데 영어만 전문적으로 번역 통역하는 부서가 있는 것이 낫지 않을까. 소수의 영어 전문가들의 수준은 깊어지고 일반 직원은 영어에서 벗어나 업무에만 전념하면 될 것인데 어정쩡하게 겸하려 하니 문제가 생기는 것은 아닐까.

이런 문제를 해결하기 위해 업무별로 분장표에 영어실력의 필요 정도를 적어 지원자를 선발하는 것이 낫지 않을까 한다.

먼저 공무원과 국가기관 근무자부터 영어 필요정도를 파악하여 영어가 필요 없는 분야의 영어 시험을 폐지하여야 할 것이다.

별도로 영어 관련 부서를 두어 번역과 통역업무를 전담하게 하면 될 것이다. 불필요한 영어, 수학 습득에 시간과 돈을 낭비하게 하지 말고 살아가는데 필요한 것들과 업무에 필요한 능력을 갖추는데 필요한 공부를 하도록 국가와 기업이 나서야 할 때이다.

사교육을 없애 경제적 부담을 줄이고, 이를 통해 출산율 저하를 막으며 부모들의 은퇴 후에 대비하여 자금을 마련할 수 있도록 하여야 할 것이다. 이렇게 되어야 사회가 조금 더 편안하여 질 것이다.

7. 보는 스포츠

축구가 우리나라에 처음 도입 될 즈음 양반들은 하인들을 시켜 축구를 하게하고 구경을 하였다고 한다. 양반들 하는 말, 뭐 하러 땀을 흘리며 뛰겠느냐, 하인을 시키고 구경하면 되지…….

우스워 보이는 이야기이나 현재의 상황이 이렇다고 볼 수 있지 않을까. 운동을 직접 하지 않으면서 보는 것만 즐기는 사람들이 있다. 먼저 스스로 운동을 하는 것이 순서일 것이다. 몸 움직이는 기회가 적다보니 겉보기는 건강해보이나 기초체력은 떨이지고 신체나이를 측정하면 근력, 지구력 등 다른 부문은 실제 나이에 맞는 20대인데 유연성은 60세가 넘기도 하는 것이 요즘의 청소년들이다.

지금의 노인세대는 어렸을 때부터 걷고 움직이는 것이 생활이었기 때문에 위생과, 영양, 의료가 좋아지니 평균수명이 늘었는데, 지금의 청소년이 나이가 들면 지금의 장년이나 노인세대 만큼 건강할 수 있을까?

인과응보 상 그럴 수는 없지 않을까 한다.

부모들은 공부만큼이나 건강이 추후 삶을 대비하여 챙겨야 할 가장 중요한 선물이라는 것을 기억하여야 하지 않을까 한다.

8. 복식호흡에 대하여

배에까지 공기를 마시는 것이 복식호흡이고 노래 할 때 복식호흡을 활용하라는 이야기가 많다. 그러나 해부학적으로 배에 공기가 들어갈 수는 없다. 공기는 폐에 머물게 되지 배에 들어갈 수는 없는 것이다.

폐 깊숙이 공기를 마시면 횡격막이 내려가며 배가 나오게 되는데 이를 복식호흡이라 말하는 것일 것이다. 그런데 배에 까지 공기를 채운다는 잘못된 말에 사로잡혀 배에 공기를 집어넣으려고 하니 문제가 생긴다.

어느 성악가가 복식호흡을 익히기 위하여 고생을 많이 하여 시간이 한참 흐르고 겨우 익히게 되었고 효과를 많이 보고 있다는 인터뷰를 보았다. 이것은 시중에 알려져 있는 배에까지 공기를 채우는 복식호흡을 한 것이 아니라 깊은 심호흡으로 단전에서 소리를 이끌어낸 상태일 것이다.

판소리 하시는 분들이 작은 체구에도 8시간 완창을 할 수 있는 이유가 단전에서 힘을 끌어내 소리 할 수 있는 훈련이 되어 있기 때문인 것과 같다.

호흡은 폐에서 하는 것으로 복식호흡이란 단전호흡을 할 때 기운이 아랫배에까지 내려가는 것에서 배를 활용한 호흡이란 의미에서 부르게 된 이름일 것이다. 깊은 심호흡을 하여 배가 움직이므로 복식호흡이라 하나 공기는 폐에 머문다는 것을 정확히 알아야 잘 못 된 호흡의 부작용이 없을 것이다.

현재 보통 복식호흡이라 부르는 것은 폐를 활용한 깊은 심호흡인 것이다. 그런데 이렇게 깊게 숨을 쉬면 의도하지 않더라도 기운이 깊게 내려가게 된다. 즉 단전까지 기운이 내려가는 단전호흡이 어느 정도 되는 것이다.

그래서 복식호흡을 하면 산소가 풍부해지는 효과와, 미세하나마 단전호흡의 효과가 더해져 도움을 받게 된다.

9. 요가에 대하여

요가의 기원에 관해 흰옷을 입은 사람들이 전해 주었다는 이야기가 전해 온다고 한다. 요가는 더운 지방의 기후적 특성으로 인하여 토하는 것을 길게 하여 열기를 토해내며 호흡을 하게 된다.

반대로 추운 지방은 열기를 가두는 호흡을 하여야 할 것이며 배에 힘도

주어지는 호흡을 하여야 할 것이다.

토하는 위주의 호흡을 하는 요가의 경우 외공이 발달하지 않았다. 단전호흡은 무협지로 대변되듯이 많은 외공이 발달하게 되는데 그것은 힘이 쌓이니 그 힘을 운용하고 발산하는 외공이 당연하게 생기게 된 것이다.

단전호흡에는 경락과 혈의 발견으로 한의가 발달하게 되나 요가에는 그런 것이 약하다. 더운 지방이 아닌 우리나라에서는 단전호흡에 비해 효율성면에서 부족하다 할 것이다. 더구나 호흡이 없이 미용체조로 변형된 요가의 경우는 더할 것이다.

10. 대도무문

도에는 문이 없다고 한다.

문이 없으니 누가 문을 열어 줄 수도 없고 여기가 문이라 가르쳐 줄 수도 없다. 스스로 찾아 나가야 한다는 뜻일 것이다. 도장에 가서도 마찬가지일 것이다. 도장에 간다고 문을 열어주는 것은 아닌 것이다. 필요한 설명과 안내를 받고 스스로 수련하고 체득해가야 한다.

국선도의 출발점인 단전호흡도 이와 마찬가지일 것이다.

그런데 어떤 분들은 다른 분야에서 가르쳐주고 배우는 것과 동일한 방식의 지도를 요구하는 경우가 있다. 어느 은퇴한 교수분이 지도 교안이 없다고 하는 경우도 보았다. 이 경우 지도자는 무리한 지도를 하기 쉽다.

복진의 경우도 잦은 복진이 외부의 감촉에 의존하게 해 내부의 느낌을 놓치게 하는 경우도 있다. 사실 잘하는 경우 전혀 복진을 요구하지도 않는다. 스스로 감이 있는데 만지면 오히려 방해가 되기 때문이다. 안 되는 사람들이 복진을 요구하는데 이 경우 대부분 의미 없는 행위가 되기 쉽다. 그 이유는 잘되는 사람이 복진을 요구하지 않는 이유와 같다. 외적인데 신경을 쓰게 되어 오히려 방해가 되기 때문이다.

어느 연수장에 유난히 호흡의 감을 잡은 사람들이 있어 누구에게 지도를 받았느냐 물으니 모두 지도 받은 게 없다고 한다. 지도자가 오긴 하였으나 거의 지도 받은 게 없다는 것이다. 그러면 어떻게 하였느냐 하니 선배들이 알려준 것 등을 가지고 스스로 이렇게 하나 저렇게 하나 연구를 하였다고 한다.

여기에서 느낀 것은 잦은 복진이 크게 도움이 되지 않는다는 것이었다. 필요한 것을 알려주고 그 후엔 스스로 수련하여 감을 잡아가야지 배를 만져 외부적인데 신경을 쓰게 하면 오히려 호흡의 감을 잡아가기 힘들다는 것이다.

도장을 찾는 사람들도 도장에서 기본을 배우고 스스로 수련하겠다는 마음을 가져야 한다. 회비는 도장을 유지해가는 비용으로 생각하여야 할 것이다. 도장도 일종의 자영업이라는 현실적인 성격도 함께 가지고 있어 많은 신경이 쓰이고 다양한 비용이 든다. 이런 비용이라 생각하고 지도에 대한 대가라는 생각에서 벗어나야 할 것이다. 이럴 때 지도자들은 길게 보며 수련의 성취가 가능하도록 유도할 수 있고 거기에 맞게 지도해 나갈 수 있을 것이다. 또한 지도자 스스로도 수련 할 수 있는 여건이 되어 지도할 역량이 높아질 것이다.

그리고 기본적인 설명 등은 반드시 필요한 것이고 체득하는 시간과 공간이 필요하다는 의미에서 수련장의 존재는 필수적인 요소이므로 수련장에 나가는 노력을 게을리 하여서는 안 될 것이다.

11. 국선도 단체

국선도를 사회에 보급하는 국선도 단체를 살펴보는 것도 중요한 일일 것이다. 국선도를 사회에 처음 보급한 청산선사는 사회에 국선도 수련법의 씨를 뿌리러 왔다고 말씀 하였다.

'제자들 중에 나와 같이 청(靑)자를 쓰는 사람들은 다 씨를 뿌리는 사람들이다.' (「청산선사」, 고남준, 정신세계사 243P)

산중 수련법을 사회인이 터득하기 어려웠을 것이다. 국선도의 정각도 단계에서는 주려고 해도 줄게 없다는 말씀처럼 스스로 몸으로 수련하여 체득하여 가야하는데 앞에서 본 것처럼 분주한 현대인들이 그것을 터득하기 쉽지 않았다는 것이다.

책 「청산선사」에는 국선도 책에서 접하지 못한 청산선사의 일상의 모습이 많이 들어있다. 가까이에서 청산선사의 이야기를 듣고 이를 전하는 것이 저자의 역할이 아닌가 생각 한다. 그런데 책 내용 중에 청산선사의 말씀과 저자의 해석이 명확하게 구분되지 않는 부분도 있는 것 같다.

가령 호는 여러 개 있을 수 있으며, 초창기 제자들에 대해 언급하며 돌아가셨다고 전하라는 내용에 대한 해석 부분이다.

여기에서 먼저 주목할 것은 초창기 제자들이 찾아올 것을 청산선사가 알고 있었다는 점이다.

청산선사가 제자들을 파악하지 못하였으리라는 것은 생각하기 어렵다.

굳이 돌아가셨다는 말을 통하여 제자의 반응을 보고자 하지는 않았을 것이라는 것이다. 왜 초창기 제자들에게만 돌아가셨다 전하라고 했는지도 생각해 보아야 한다.

말씀 중에, '꾸준한 수련으로 잘 닦여 있으면 내가 본향으로 돌아간 줄 알 것이고.' 라는 말이 나온다.

돌아가셨다고 전하라는 말은 초창기 제자 중에 꾸준한 수련으로 잘 닦여 있는 사람에게 '이제 나의 사회에서의 씨 뿌리는 역할은 다하였으니 그 역할을 이어서 하여라.' 라는 말씀이라고 해석하는 것이 맞지 않을까 한다.

책 내용 중 '이 세상에 나오신 이유 중 알려진 것은 새끼손가락 정도밖에 안 된다는 말이 나오는데 사회에 국선도를 보급하는 역할은 이제 제자를 통하여 하면 될 것이라는 것이다.

본향으로 돌아간다는 말의 의미를 확실하게 알 수는 없지만 「삶의 길」을 참고해 볼 때, 제자를 양성한 후 그 제자에게 일을 하게 하는 측면이 내재되어 있다고 생각한다.

국선도를 사회에 보급한 청산선사 이후 국선도는 두 개의 단체로 나뉘어졌는데 지도법의 견해 차이 때문이라 할 수 있다. 지도법의 차이는 결국, 수련법의 차이라 할 수 있을 것이다.

청산선사 이후 국선도가 지도와 수련을 훌륭하게 해 냈었다면 굳이 초창기 제자가 나오지 않아도 되었을 것이다. 이와 같은 여러 가지 정황을 감안할 때 초창기 제자 중 수련이 잘 닦인 분이 국선도 보급의 역할을 계속이어서 하는 것이 청산선사님의 뜻에 부합한다고 할 수 있지 않을까 한다.

12. 단전호흡

1) 입문호흡

이 글에서 호흡법을 설명하는 것이 맞지 않을 수 있으나 도장에 나가지 않으면서 여러 곳에서 단전호흡에 대해 알아보고 책만으로 시도해보는 사람들이 있을 것을 경험상 알고 있으므로 그런 분들과, 도장에 나갈 상황이 전혀 안 되는 분들을 위하여 입문호흡을 설명하여 보고자 한다. 목표는 잘하는 것보다 문제점이 발생하지 않도록 한다는 것이다.

입문호흡이란 국선도 단전호흡의 시작 단계에서 하는 호흡이다.

청산선사님은 단전호흡을 할 때 80% 정도만 마시라고 이야기하였다 한다.

"입문호흡은 농부가 새참 후 낮잠을 잘 때의 모습, 즉 배가 크게 부풀었다가 꺼지는 모습을 참조하여 마실 때 배가 자연스레 나오고 토할 때 들어가게 한다." (국선도 도종사, 청원 허경무)

위의 두 가지를 잘 조합하면 입문호흡의 설명으로 충분하지 않을까 한다. '마실 때 80% 정도만 마시되, 배꼽부터 아래 위주로 배가 나오고 토할 때 들어가면 된다.' (이때 윗배도 어느 정도 움직인다)

이상으로 사실상 모든 설명이 끝났다고 할 수 있는데 개념이 이해되지 않는 분들을 위하여 조금 더 세분화하여 보기로 하자.

첫째, 80% 정도만 마시라는 것은 자연스럽게 호흡할 때 그 정도가 적당하기 때문이며, 그 이상은 육체적 힘이 들어가게 되기 때문이다.

둘째, 농부의 낮잠 잘 때의 배 모습은 산처럼 부풀어 오르는데 이때 호흡을 보면 소리가 크게 들린다. 즉 100% 정도를 마신다고 할 수 있는데 이때는 고요한 호흡을 하기가 어렵다. 80% 정도만 마셨을 때 고요한 호흡을 할 수 있고 따라서 80%만 마시며 고요하게 호흡하여야 한다는 것이다. (배도 80% 만 나오게 된다)

셋째, 농부가 편안하게 낮잠을 잘 때 의식은 깨어있지 않다. 즉 코나 배를 의식하여 호흡하지 않는다는 것이다. 편안하게 호흡에 대한 의식을 놓았을 때 깊은 호흡이 가능함을 알 수 있다. 다시 말하면 배가 나오거나 꺼지는 것이 전혀 의도성이 없이 호흡을 마시고 토함에 따라 자연스레 되어야 한다는 것이다. 단전호흡이 마실 때 배가 나아야 한다고하니 의도적으로 배를 내밀 수 있는데 이는 잘못된 것이다.

이상을 다시 종합하면,

"마실 때 배꼽아래 배가 나오게 한다. 이때 의식적으로 배를 내미는 게 아니며 호흡을 마심에 따라 자연스럽게 나와야 한다. 마시는 호흡은 80% 정도만 하여야 적당하다. 토할 때 자연스레 원상태로 배가 꺼진다."

이때 주의할 점은 호흡을 너무 약하게 하여서는 안된다는 것이다. 세세흡입, 호출은 한 참 나중의 일로 여기어 얽매여서는 안 된다. 조금은 풍부하되 또한 호흡이 거칠어서 고요함을 잃어서도 안 된다. 배가 너무 적게 움직여도 안 된다. 배의 움직임이 거의 없어 질 때가 있는데 그것은 축기가 된 후의 한 참 뒤의 단계이다.

수련에서 책 등을 보고 미리 나중 단계를 적용하려는 욕심이 있을 수 있는데 이 경우 가장 먼 길을 돌아가게 될 수도 있으므로 주어진 단계에 맞는 호흡법을 충실히 하여야 한다.

이와 같은 상태에서 이제 의식을 편안하게 아랫배 안쪽에 둔다. 여기에서부터 잠자는 농부와의 차이가 또 하나 첨가되는 것이다. 즉 의식이 개입되는데 다른 모든 면은 앞에서 말 한 농부의 낮잠 잘 때의 배의 움직임과 80% 정도만 마시는 호흡이 이루어지면 된다.

아랫배 안쪽에는 단전(힘의자리)이 있는데 배에 손을 대고 "음" 하였을 때 힘이 들어가며 튀어나오는 곳이다.

한 가지 주의 할 점은 호흡을 깊이 마신다는 말의 의미이다. 호흡을 깊게 마시라하니 배 깊은 곳까지 공기를 집어넣으려 할 수 있다는 것이다. 이것은 복식호흡에서 설명한 것과 같이 공기가 배안에까지 들어 갈 수는 없는 것이다.

폐 깊숙이 공기를 마시면 기운이 아랫배로 내려가며 배가 자연스레 나오게 되어 있으니 무리하게 깊게 공기를 끌어들여 넣으려는 생각을 버려야 한다.

충분하게 편안한 호흡이 되면 마음속으로 하나에서 다섯까지 세며 호흡을 마시고 다섯까지 세며 토한다. 처음에는 간격이 같지 않아도 되니 자연스럽게 하다가 점차 간격을 비슷하게 맞추어 간다. 이것이 어느 정도 자연스럽게 되면 이젠 앉아서도 하고 서서도 해본다.

그런데 하나에서 다섯까지 셀 때 일곱 개의 글자가 들어가니 복잡하게 느껴지기도 한다.

이때는 시계의 초바늘이 다섯 번 움직이는 것을 생각하여도 된다. 또는 국선도의 선도주를 속으로 암송하며 여기에 맞추어 해본다.

선도주는 '정각도원, 체지체능, 선도일화, 구활창생' 으로 정각도원에 마시고 체지체능에 토하고, 선도일화에 마시고 구활창생에 토한다.

한 마디를 5초 정도에 맞추어 암송하며 한다. 글자가 네 개라 번잡함이 덜하다. 이때 꼭 5초에 맞추는 것이 아니라 본인의 호흡량에 맞게 한다.

이 단계를 넘어 국선도의 1단계인 중기 단법에 들어서면 반드시 준비운동과 정리운동을 함께 하여야 한다. 깊은 호흡에 들기 위해 준비운동은 반드시 필요하며 호흡으로 얻은 기운을 몸에 골고루 저장하기 위해 정리운동도 반드시 필요하다.

이런 준비 · 정리운동은 처음엔 귀찮은 측면도 있는데 따라서 혼자 수련하게 되면 안하게 되고 그렇게 되면 수련의 진보가 없게 된다. 이렇게 혼자 하면 게을러지니 수련장이 필요한 것이다. 중기 단법부터는 행공 동작 등 어느 정도 지도를 받고 하여야 하고 입문호흡을 혼자 하였다면 문제점이 없는지 검증을 받고 중기 단법에 들어가는 것이 필요할 것이다.

이제 입문호흡을 실행하기 위한 준비를 하여보자.

30분 정도 이상의 편안한 시간이 주어졌을 때 시도해 본다.

먼저 몸에 끼지 않는 편안한 옷을 입는다. 복잡하지 않은 장소에 편안히 누워 온몸의 긴장을 푼다. 긴장이 풀리면 양 손바닥을 아랫배에 올린다. 이때 엄지손가락이 배꼽부위나 약간 위쪽에 놓이게 한다.

발은 어깨 넓이나 약간 넓게 벌리고 앞에서 설명한 것들을 시도하여 보는 것이다. 처음엔 당연히 잘 안 되겠지만 꾸준히 시간을 들여 시도하여 본다. 서서히 단전에 충실한 느낌이 들면 스스로 즐거워서 하게 된다.

점점 충실하다는 것이 어떤 것인지 느끼게 된다. 때론 잘 내려가지 않아 답답함을 느끼기도 한다. 이때가 오히려 호흡의 감을 잡아가는 것으로 내리려는 노력이 있게 되고 그에 따라 점점 호흡이 깊어지게 된다.

하다가 잡념이 심하게 들면 양손을 가볍게 들어 검지만 세우고 다른 손가락은 가볍게 구부린 상태에서 의식을 검지 끝에 모은다. 몇 초간 의식을 모은 후 양손을 다시 배에 놓고 호흡을 한다. 이것은 의식을 낮추기 위한 간단한 방법이다.

2) 수련의 효과

외부에서 보면 고요하게 움직이지 않고 있는 겉모습을 보고 답답하게 느낄 수도 있다. 그러나 실제 본인은 전혀 다른 느낌을 가지며 즐거움에 젖어 있는 것이다. 충실함이 더해지며 건강하여지고 점점 외부에 의존함이 줄어들게 된다.

스스로 내부에서 즐거움을 찾으므로 외부의 물질이나 즐거움을 취할 거리들의 필요성이 줄어들게 되는 것이다. 수련이 어느 정도 진전되면 몸이 없는 것처럼 느껴질 때도 있다. 몸을 가장 느낄 때가 아플 때이다. 또는 몸이 찌뿌둥하거나 무거울 때도 몸을 크게 느끼게 된다.

이런 것이 제거되어 몸의 어느 곳도 문제가 없어질 때 몸이 없는 것처럼 느껴질 때도 있는 것이다. 이정도가 성인이 사회에서 느낄 수 있는 수련의 단계가 아닌가 한다. 그러나 아이들이 수련하여 시간이 지나면 본격적인 수련의 성과들이 나타나게 될 것이다. 본격적인 축기를 통해 임독유통을 하고 수련이 깊어지는 사람들이 나오게 될 것이다.

그동안 많은 사람들이 청산선사가 전한 단전호흡을 익히기 위하여 노력하여 왔으며 점차 호흡을 제대로 익힌 사람들이 나오게 될 시점이라고 생각한다. 그런 사람들이 본격적으로 나오게 될 때 뒷사람들은 시행착오 없이 더 빠르게 제대로 된 단전호흡을 익힐 수 있게 될 것이다.

유치원과 초등학생을 지도하기 위해 전문교육을 받은 많은 선생님들이 필요 하듯이 높은 수준은 아닐지라도 단전호흡을 제대로 익힌 많은 사람들이 필요하고 점차 그 혜택을 후배들이 받게 되는 것이다.

여기에서 한 가지 지적하고 싶은 것은 국선도 수련인 들은 지도자가 어떤 단계인가를 평가하는 경향이 있다는 것이다. 사회에서 초 · 중 · 고 선생님을 은사로 모시는데 있어 그분들이 학문적으로 얼마나 높은 수준인지를 가지고 평가하거나 존중의 잣대로 삼지는 않는다.

나의 어떤 단계에서 그에 맞는 지도를 하여 주신데 감사할 뿐이라는 것이다. 사회에 수련이 널리 보급되기 위해서는 국선도 수련인 들도 이와 같은 자세를 가져야 하지 않을까 생각한다.

지금껏 사회에서 국선도를 통하여 수련의 큰 진보가 없었지만 점차 달라질 것이다. 그 준비를 사회의 국선도가 근 50여년 간 하여왔다고 볼 수 있는 것이다.

13. 기타

1) 한식의 세계화

태국에 잠간 머물 때이다.

함께 있는 태국인과 함께 외출하게 되었는데 나오기 전에 식사를 하지 않았다며 밥을 사먹는 것이었다. 그런데 그 식사가 밥에다 매운 고추가 들어있는 소스를 부어 다른 반찬 없이 먹는 것이었다.

나올 때 한국식의 많은 반찬에 뷔페로 식사 할 수 있었는데 안 먹고 나온 것이다. 왜 그럴까 하는 의문이 들었는데 단지 입맛 때문만은 아닌 것 같았다. 나중에 드는 생각이 그렇게 아담하게 먹는 것이 속이 편하다는 것이었다.

태국은 일 년 내내 여름으로 더운 나라이다. 이렇게 더운 나라에서는 많은 열량의 섭취가 몸에 해로운 것이다. 열량이 적은 담백한 음식이 맞는 것이다. 우리와 달리 이 기후에 맞게 몸이 형성되어 있으므로 간단해 보이는 그 음식이 맞았던 것이다.

TV의 외국여행 프로그램에서 더운 지방을 보여 줄 때 보면 대부분 먹는 것이 단출함을 볼 수 있다. 술의 경우에도 더운 지방에서는 마시지 않거나 도수가 약한 것을 마신다. 반면 추운 지방에서는 강한 독주를 마시며 식사도 기름지고 열량이 많은 것을 먹는다.

한식은 더운 지방에 맞을까? 추운 지방에 맞을까? 한식은 둘 다 맞지 않으며 온대지방에 맞다고 보아야 할 것이다. 그런데 온대지방의 많은 곳의 주식은 밀이다. 우리나라와 같이 나물을 차려서 먹는 경우도 드물다.

한식의 세계화라는 것이 의미가 없는 말인 것을 알 수 있다. 각 나라에는 그 나라 환경에 맞는 음식문화가 있는 것이며 우리가 여행을 하는 이유 중에는 이들을 먹어보는 의미도 큰 것이다.

한식이 세계화와 어울리는 단어일까?

스스로를 돌아보는 마음 없이 밖으로만 살피는 태도가 드러난 대표적인 것 중의 하나가 한식의 세계화 일 것이다.

2) 의복에 대하여

우리의 전통 옷은 펑퍼짐하여 몸을 누르지 않았다. 그런데 지금은 반대로 몸에 달라붙어 몸을 억압하는 옷이 많다. 바지 허리띠도 한복은 끈으로 골반 뼈 튀어 나온 부분에 걸치게 하여 요즘의 허리띠처럼 꽉 졸라매지 않아도 흘러내리지 않게 되어 있다.

아랫배를 졸라매지 않아야 평상시에도 단전호흡을 할 수 있는데 강하게 누르고 있는 허리띠로는 단전호흡에 방해를 받는다. 가장 좋은 것은 고무줄 옷이다. 과거에는 없던 고무줄은 끈 보다 더 효율적이다. 멋을 위주로 하는 요즘은 고무줄 바지를 잘 입지 않는다. 삶을 바라보는 태도에 따라 어떤 옷을 입어야 하는지도 바뀌게 될 것이다.

몇 해 전 '마사이처럼 걸어라.' 라는 것이 유행한 적이 있었다. 발을 죽 뻗으면서 뒤꿈치부터 닿고 순차적으로 발바닥 전체를 거쳐 발가락으로 밀어주는 것을 마사이 걸음이라 할 수 있을 것이다. 마사이처럼 걷기 위해서는 마사이와 같은 조건을 먼저 갖추어야 할 것이다. 신발이 같아야 한다는 것이다.

마사이의 신발을 보면 맨발이거나 가죽으로 신발을 만들어 굽이 없다. 그렇지 않으면 발이 해야 할 일을 신발이 대신해버리는 결과가 되어버린다. 요즘의 굽이 높은 신발은, 건강에도 좋고 보기에도 좋다는 마사이처럼 걷는 것을 어렵게 한다.

과거의 우리 신발인 짚신이나 가죽신은 마사이들의 신발과 유사했다고 할 수 있다. 굽이 없는 것이다. 적절한 굽은 좋겠으나 높은 굽은 건강을 해치게 한다.

3) 연예인

요즈음은 연예인이 대세가 된 것 같다. 함께 있다가도 연예인이 나타나면 그리로 몰려간다. 함께 있는 사람에 대한 예의일까로 접근할 문제는 아니겠지만 과한 측면이 있는 것도 사실이다.

그러나 이것은 스스로를 초라하게 만드는 것이 아닐까? 연예인이 스스로의 일을 잘 하였다고 과도하게 열광하는 것은 내가 내일을 아무리 잘해도 그럴 일이 없다는 것을 고려할 때 균형이 맞지 않는 것이다.

이것은 연예인의 사생활을 침해하는 것도 되므로 사석에서 지나친 관심과 사인 요구 등은 지양되어야 할 것이다. 평범한 사람의 삶이 초라해지지 않고 당당할 때 많은 사람들이 안정감을 느낄 것이며 사회는 더 편안하여질 것이다.

수련과 관련지어 보면, 지나치게 외부지향적인 것은 내부의 고요를 유지하는데 방해가 될 것이다. 화려함과 인기에 대한 과도한 동경은 안정감을 해치는 것이다.

4) 통신

정신과에서 사람의 정신적 건강성을 혼자 있을 때 얼마나 잘 지낼 수 있는 가로 판별한다고 한다.

사람과의 관계가 만남으로 이루어지기 어려운 현대의 도시에서의 삶을 생각할 때 혼자 지낼 수 있는 능력이 더욱 요구되고 있다 할 것이다.

그런데 이에 잘 적응하지 못하는 경우 통신을 통한 외부와의 연결에 지나치게 연연하게 된다. 수련을 통하여 스스로의 내부에서 충실함을 얻어 안정을 취한다면 이러한 문제는 어느 정도 해결 될 수 있을 것이다.

자동차가 원래의 능력을 초과하여 빠르게 움직이게 하여, 운전하면서 욕 안하는 사람이 없다는 것처럼 사람을 극도로 예민하게 만들 듯이, 통신 역시 사람의 원래의 능력을 초과하여 멀리 있는 사람과 통화하고 예고 없는 연락을 받게 하여 현재의 나의 안정감을 해치게 하는 부분도 있다.

즉 현재 나의 주변 환경만 신경 쓰면 되었던 것을 멀리 있는 외부까지 신경 쓰게 만들고 있는 것이다. 용건 없는 통화에 대한 지나친 관심은 자제되어야 고요를 유지하는데 도움이 될 것이다.

이 점은 가상의 현실에 몰두하는 게임의 경우도 마찬가지 일 것이다. 가상의 현실은 현재의 나의 상태를 가상의 상태와 비교하여 나약하고 무기력하게 보이게 하는 것이다.

나의 현실적인 능력을 초과하게 하는 첨단기기나 가상현실이 가지는 의미를 충분히 숙지하고 거기에 매몰되어서는 안 될 것이다.

5) 노익장

끝이 좋으면 다 좋다.

과거에는 나이가 많을수록 대접을 받았다. 우리말에 존댓말이 발달한 이유일 것이다.

왜 그랬을까?

이 책을 보는 동안 그 이유를 어느 정도 알 수 있었으리라 생각한다.

인수봉의 거대한 얼굴형상은 수염이 확실하게 표현된 나이가 많은 듯한 도인상이었다. 홍안백발의 상이라고 할까.

한때는 나이가 많이 들수록 더 장(壯)하여지는 경우도 있었다는 것이다. 육체적 접근만으로는 가능하지 않을 것이다.

나이를 먹을수록 장하여 진다는 것은, 나이에 비해 정정하다거나, 덕담으로만 쓰일 뿐 지금으로서는 말도 안 되는 이야기일 것이다.

그러나 산중고인돌과 국선도를 통하여 이 말이 근거가 있는 것이었음이 밝혀지고 있다 할 것이다.

6) 부동산 심리 이야기

인왕산, 북한산에서 고인돌을 발견하며 앞으로 많은 탐방객이 몰릴 것이라는 생각이 들었다. 따라서 주위에 부동산을 사놓으면 값이 오르지 않을까 하는 생각이 드는 것이었다. 그러나 일종의 내부정보, 그것도 도와 관련된 내부정보를 이용하여 부동산을 사서 돈을 버는 것이 온당할까? 팔고나서 후회할 상대도 있을 것인데.

그러자 그러면 경매에 나온 것을 낙찰 받으면 되지 않겠는가 하는 생각이 들었다. 낙찰가가 더 떨어지기 전에 사주면 도움이 되지 않겠는가.

실제 행동으로 옮기기도 어려우면서 이런 식의 사념이 습관처럼 따라붙는 것이다.

그러다가 만약 부동산을 사 놓는다면 산중고인돌을 생각할 때마다 이 부동산도 함께 떠오를 것이라는 생각이 들자 그때서야 완전하게 정리가 되는 것이었다.

필자의 경우 넓은 지역을 바라보고 도장을 개설하였다가 임대료를 감당하지 못하고 1년 만에 시설비는 물론 보증금까지 없어진 경험이 있다.

그때까지 경제에 거의 관심이 없었다가 이후 국선도 지도에서 떠나 있으면서 경제적 기반을 마련하기 위해 부동산, 주식, 경매에 관심을 가지게 되었다. 그러나 짧은 시간에 습득될 수 있는 것들이 아니었고 다만 세계경제가 어떤 상태인가에 대하여 약간의 지식을 얻게 되었다. 이때의 경험이 부동산에 대한 습관적인 관심으로 남은 것 같다.

이렇게 살아가기 위하여 온갖 분야에서 치열하게 돈 버는 일을 연구하여야 하는 현대인이 여유를 갖기 어렵고 막상 수련장에 와도 온갖 잡념의 바다에 빠지게 되는 것은 어쩌면 당연하다고 할 수 있을 것이다. 현대 사회에서 수련을 해나간다는 것이 만만치 않은 일인 것을 알 수 있다.

7) 자본주의의 한계

앞에서 살펴보았듯이 장기적으로 석유의 고갈은 교환에 기초하는 자본주의의 한계가 될 것이다.

성장과 후퇴를 반복하며 지속되는 자본주의가 후퇴를 받아들일 수 없는 상태가 되고 있다.

자연스러운 경기 변동론에 따른 후퇴를 돈을 찍어내어 막고 성장만을 하여 온 것이 결국 문제를 해결한 것이 아니라 확대하는 과정이었음이 드러나고 있는 것이다.

인구의 증대 역시 후퇴를 받아들이기 어렵게 하고 있다. 금융이란 이름의 자본축적과 더불어 자본주의의 발걸음을 어둡게 하고 있는 것이다.

대안으로 이야기 되던 사회주의는 실패로 결론이 났다.

사회주의의 접근법은 유물론으로 생산수단의 분석 등을 통한 물질적인 접근이라 볼 수 있을 것인데 사람의 심리적 측면을 도외시하고 있다 할 수 있을 것이다.

자본주의의 경우 핵심이론이 각자의 이기심을 극대화하려는 것이 경제를 성장시키고 결국 모두에게 많은 것이 돌아가게 된다는 것이라고 할 때, 심리적인 접근이 중요시되고 있다 할 것이다.

사회주의가 도외시한 심리적 측면 즉 이기심을 추구하는 것을 사회주의에 적용하여 보면, 똑같은 크기의 결과물이 분배되는 상황에서 개인의 이기심의 추구방법은 일을 적게 하는 것이 될 것이다.

즉 자본주의가 최소의 투입으로 최대의 이익을 얻으려하게 만든다면 사회주의는 일정한 이득을 최소의 투입으로 얻으려하게 만든다는 것이다. 결국 일을 안하려하게 만드는 것이다.

붕괴 전 공산주의 국가를 다녀온 사람들이 증언하듯이 최고급 호텔의 수도꼭지가 고장 나 있어도 퇴근시간만 되면 퇴근해버리는 등의 하나만 보아도, 보이는 것이 이정도인데 안 보이는 것들은 어떻겠는가하는 것을 짐작하게 만드는 것이다.

사회주의의 이상은 결국 사람들의 마음이 선심으로 바뀌어 이기심을 넘어 설 때에만 가능한 것인 것을 알 수 있다.

자본주의는 자전거처럼 지속적으로 굴러가지 않으면 넘어진다고 한다. 지속적으로 페달을 밟아야 한다는 것은 쉴 수가 없다는 것이다. 피곤이 극도로 쌓인 것처럼 보이는 지금 우리가 해야 할 일은 무엇일까.

왕도정치, 도왕국민이 아닐까?

즉 맹자가 말한 성인이 도로서 통치하듯이 훌륭한 지도자가 나와야 하고, 민중의 도가 성해져 이기심을 뛰어 넘는 심성의 훌륭한 국민이 되어야 한다는 것이다.

후기 • 1

뭔가 좋은 일이

이 책 저자의 글 상당 부분은 호가호위일 것이다.

어떤 것을 고인돌이라고 주장하지만 전에는 전혀 짐작도 못하였던 것이고 산중 고인돌이 밝혀진 이후에 가능한 일이었기 때문이다.

답사를 다니며 테이프에서 노래를 들었는데 가사가 재미있다.

"하늘이 실수(선물) 하듯 나도 모르는 뭔가 좋은 일이 정해져 있을 것만 같은데……."

나의 당시 상황과 어울리는 가사였다.

전혀 상상도 못하였던 어떤 일을 하고 있는 것이고 그것은 국선도를 수련하는 나에게는 흥분되는 일이었기 때문이다.

이런 의미에서 '호가호위'와 '나도 모르는 뭔가 좋은 일이'가 이 책과 관련하여 저자에게 가장 어울리는 이야기가 아닐까 한다.

아울러 이 책을 읽은 모든 분들과 우리 민족, 나아가 전 인류에 좋은 일이 되기를 기대해본다.

인터넷 댓글에서

"5대양 6대주의 모든 문명이 우리 민족이 했다는 류의 이야기다."

라고 비꼬는 것을 보았다. 왜 이런 이야기가 나올까? '아니 땐 굴뚝에 연기 날까.' 라는 속담처럼 어느 정도 이유가 있었음을 보여주는 것이 이 책이 아닐까 생각한다.

또한 선인들의 말씀을 전하는 것이 이 책의 역할이 아닐까 한다.

고인돌을 통하여 인간 능력의 고양과 그리고 그것은 정신적인 것이며 수련에 의하여 가능하다는 것이 그것일 것이다.

화순의 고인돌을 거의 다 돌아볼 때쯤 고인돌 위에 올려져 있는 붉은 토기를 발견하였다. 혹시나 하여 담당자에게 전화하니 체험 행사 때의 토기일 것 같다고 한다. 실물을 보내어 보니 체험 행사 때의 토기가 맞다 한다.

당시의 생각에도 너무나 붉은 빛이고 깨끗하였다. 그럼에도 혹시 하고 생각한 것은 가는 곳마다 있었던 서 있는 돌이나 돌탑이 예사롭지 않았기 때문이다. 지금 와서 생각하면 고인돌에 새 토기는 생각할 수 없는 것인데….

신비주의에 빠졌을 때의 참혹한 모습이 이와 같지 않을까?
'고인돌에 새 토기'

「신의 지문」에 저자가 호피족을 찾아가는 내용이 나온다.
"여행을 떠난 것은 예언의 과학이 지금은 호피족 속에서 살아 있다고 믿었기 때문이다.(「신의 지문」 下 630P)
호피족의 신화는 다음과 같다 한다.

"최초의 세계는 인류의 잘못 때문에 하늘과 땅에서 나온 불이 모든 것을 태워서 파괴되었다. 두 번째 세계는 지구의 축이 뒤집어져 모두가 얼음으로 뒤덮였다. 세 번째 세계는 대홍수로 끝이 났다. 현재는 네 번째 세계이다. 이 시대의 운명은 인류가 창조주의 계획대로 행동하는가 그렇지 않은가에 따라서 결정 된다……."

(world mytbology, 26P「신의 지문」 下 630P에서 전재)

인류의 행동이 좋아졌다고 생각하는지 나빠졌다고 생각하는지에 대한 96세 된 호피족 노인의 답은 이러하다.

"할아버지는 징조가 이미 눈에 보이고 있다. ……지금은 바람만 불 뿐이고 우리는 서로 무기를 들이대고 있다고 말씀하십니다. 그것을 보면 얼마나 길에서 벗어나 있고 서로에게 무엇을 느끼고 있는지를 알 수 있다고요. 이미 가치관이 사라졌다. 전혀 없다. 사람들은 자기 마음대로 살고 있다. 도덕도 법도 없다. 이것이 종말의 때가 왔다는 징조라고 하시네요 ……. (「신의지문」 下 632P)

현대의 사람들은 자유이고 인권이라 말하지만 예언은 그렇게 보지 않는 것 같다.

도시화와 운송 수단 이용으로 어릴적부터 몸 움직임이 적고, 성인이 되어서도 마찬가지니 몸이 부실해지고, 부모가 부실하니 자손도 부실하여지는 반복은 결국, 종의 퇴보를 가져오게 되지 않을까.

현대 문명의 귀결이요, 모순일 것이다.

전국에 펼쳐져 있는 기존의 지상 고인돌은 사람 사는 곳곳에 도가 시행되고 있었다는 증거일 것이다. 무덤이고 끌어서 쌓았다는 해석으로 그 의미가 크게 축소되어 있지만 산중 고인돌의 발견은 기존 고인돌이 분포한 곳에 우리 고유의 도가 시행하고 있었으며 수련은 우리 민족의 생활의 일부이었음을 보여주는 기록이라고 할 것이다.

(국선도에 대한 문의: 세계국선도 연맹, www.kouksundo.com
전화: 02)765-0114)

후기 • 2

책이 출간되는 동안 산에 몇 번 갔는데 다양한 형태의 고인돌들이 눈에 띄었다.

전국 산에 얼마나 많은 고인돌이 있을까? 상상하기도 어렵다.

특히 산 전체를 몸으로 삼고 한 곳만 작게 바위가 드러나게 하여 눈을 삼아 생명상을 표현하여 놓은 곳도 많았다. 이 경우 눈에 드러나지 않지만 전체 산이 생명상의 형태로 다듬어져 있는 것 같다.

산맥 자체가 전체로 생명상 형태인 곳이 많은데 이 경우 자연적인지 고인돌인지 확인하기 어려웠다.

산의 자연적인 모습을 본떠 생명상의 고인돌을 만들었다고 추측 할 수 있는 데 반대로 자연적으로 보이는 전체가 고인돌일 경우도 있을 것 같았다. 새로운 곳과 앞에서 본 것 중 몇 군데를 추가로 보기로 하자.

산봉우리 전체가 다듬어져 있는데 뚜렷한 상을 발견하기 어렵다가 아래쪽이 가려진 윗부분만을 보게 되었다.

물건이나 사람을 실을 수 있는 소의 길마와 같은 것을 짊어지고 있는 좌측을 머리로 한 흰코끼리 모습 같다.

위의 앞쪽에 65쪽에서 보았던 바위가 올려져 있는 것이 보인다.

68쪽에서 보았던 새끼 업은 어미 형상 고인돌의 앞모습이다. 우측으로 고개를 돌리고 있으며 눈과 얼굴 형태가 뚜렷하다. 표정이 살아있는 얼굴상이다. 숙연함이 느껴진다.

인왕산의 바위 중에는 군데군데 구멍처럼 패어 있는 것이 많은데, 이와 같은 형식으로 눈과 입이 뚜렷한 생명상이다. 얼굴은 닮지 않았지만 사자가 엎드려서 우측을 돌아보는 듯한 모습이다.

능선이 좌측을 머리로 다듬어진 생명상이다.

눈이 뚜렷하여 자세히 보니 눈의 역할을 하도록 커다란 둥근 바위가 올려져 있다. 또 한 번 "기가 막힌다."는 감탄사가 절로 나온다.

봉우리 전체가 공룡 형상으로 다듬어져 있다.
위에는 바위들을 올려놓아 갈기의 모양을 만들고 있다.

앞쪽에 머리 형상의 바위를 놓아 또 하나의 생명상을 이루었다.

인왕산의 가부좌상을 시내에서 바라본 모습과 가까이에서 바라본 모습이다.

앞에서 살펴본 사모바위 고인돌이다. 멀리 보이는 모습이 신비롭다.

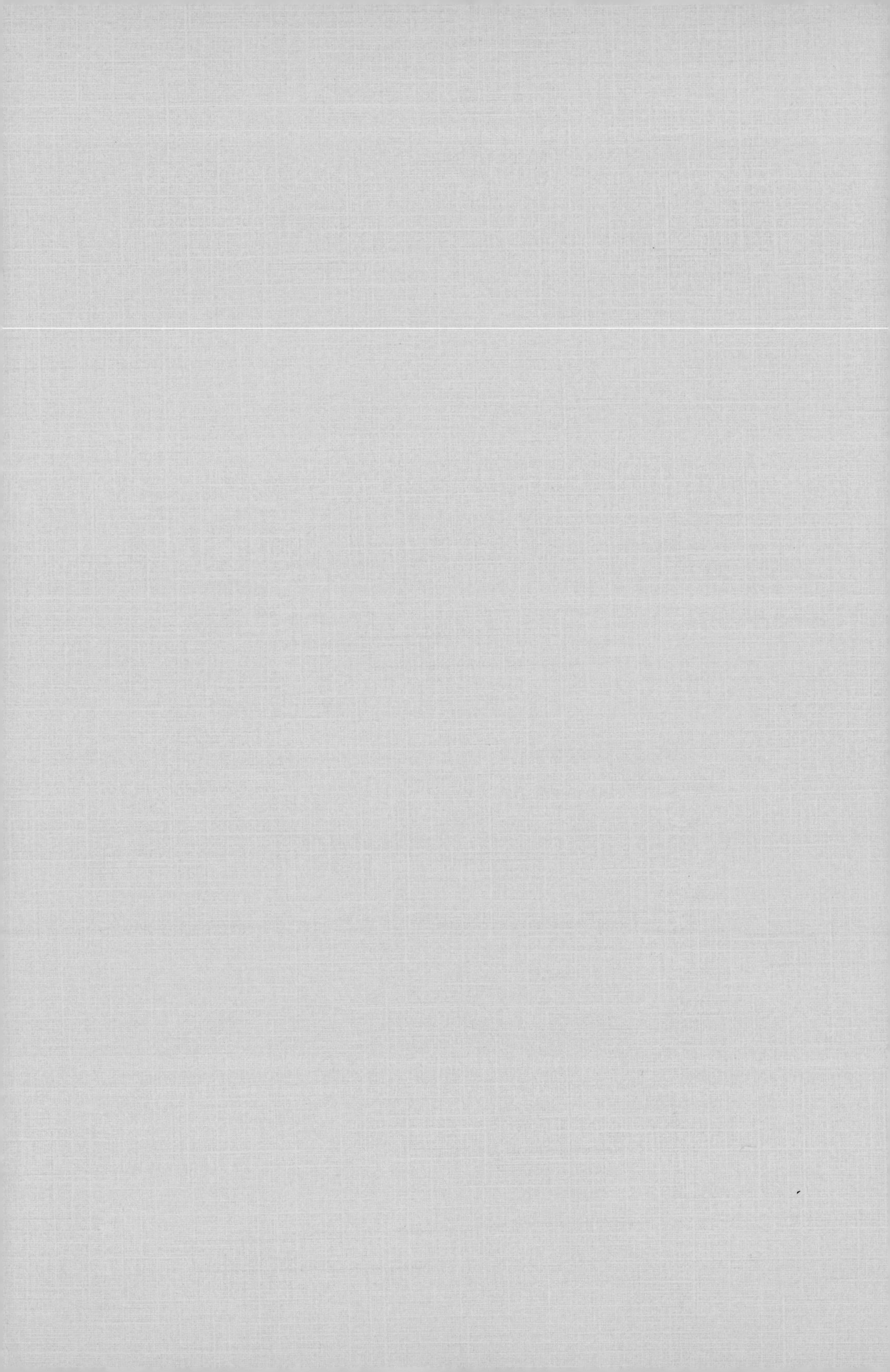